U0466673

涡轮教练

强力提升组织和个人工作效能

TURBOCOACH

[美] 博恩·崔西（Brian Tracy）
坎贝尔·弗雷泽（Campbell Fraser） 著
王琰 译

中国科学技术出版社
·北 京·

图书在版编目（CIP）数据

涡轮教练 /（美）博恩·崔西,（美）坎贝尔·弗雷泽著；王琰译 .— 北京：中国科学技术出版社，2021.11

书名原文：Turbocoach

ISBN 978-7-5046-9273-3

Ⅰ .①涡… Ⅱ .①博… ②坎… ③王… Ⅲ .①企业领导学 Ⅳ .① F272.91

中国版本图书馆 CIP 数据核字（2021）第 220624 号

策划编辑	杜凡如　陆存月	**责任编辑**	申永刚
封面设计	马筱琨	**版式设计**	蚂蚁设计
责任校对	邓雪梅	**责任印制**	李晓霖

出　　版	中国科学技术出版社
发　　行	中国科学技术出版社有限公司发行部
地　　址	北京市海淀区中关村南大街 16 号
邮　　编	100081
发行电话	010-62173865
传　　真	010-62173081
网　　址	http://www.cspbooks.com.cn

开　　本	787mm × 1092mm　1/32
字　　数	83 千字
印　　张	6.25
版　　次	2021 年 11 月第 1 版
印　　次	2021 年 11 月第 1 次印刷
印　　刷	北京盛通印刷股份有限公司
书　　号	ISBN 978-7-5046-9273-3/F · 956
定　　价	59.00 元

前言

PREFACE

在过去的几年中，私人教练和专业教练行业呈爆炸式增长。目前，数以千计的注册教练为各行各业、各个阶层的人提供培训和指导服务。当下，人们普遍认为：相比于自己埋头苦干，接受教练的培训能够在更短的时间内显著提高工作绩效和生活满意度。

于我而言，职业生涯中的许多时间都用在了调查和研究提高个人表现的最有效方法和技巧中。20多年来，我培训指导了成千上万的教练客户，帮助他们取得了非凡的成就。他们当中的许多人因为接受培训改变了自己的职业和生活。培训结束后，他们的收入得到了提高，健康状况和人际关系也得到

了改善。当然，并不是每个人都适合聘请私人教练，这就是我和坎贝尔·弗雷泽（Campbell Fraser）写这本书的原因。

《涡轮教练》(*Turbocoach*) 记录了我们传授给教练客户的那些行之有效的、实用的、强大的技巧和训练方法（这些客户每年花费数千美元来学习和应用这些技巧和训练方法）。这些技巧和训练方法能够使你快速地提升个人表现。因此，《涡轮教练》也能成为你的"私人教练"。

有了《涡轮教练》这本书来教导和鼓励你，你将学会如何设定标准、确定优先事项和目标；学会分析并找准个人优势；学会如何通过委派、外包、取消任务和活动来让自己专注于最有价值的任务；学会如何专注于具体的行动和提升计划；学会如何在既定的任务周期内衡量自己的成功。

通过学习《涡轮教练》这本书中的技巧和训练方法，你能够取得与我们的私人教练客户相似的突破性进展，本书能帮助你平衡好生活和工作。

我们邀请您体验涡轮增压训练项目中的益处，也期待您能够分享《涡轮教练》对您的帮助。

博恩·崔西

目录

CONTENTS

第一章　制订个人战略规划 / 001

第二章　你从事什么行业 / 011

第三章　研究竞争对手 / 017

第四章　研究客户 / 023

第五章　找准自己擅长的领域 / 028

第六章　解除限制因素 / 032

第七章　你处于斯格模德曲线的哪个位置 / 037

第八章　提高工作效率的 11 种方法 / 045

第九章　帕累托定律 / 054

第十章　零基思考法 / 062

第十一章　委派任务 / 070

第十二章　杠杆的力量 / 082

第十三章　大卫·李嘉图的比较优势理论 / 090

第十四章　帕特农原则 / 100

第十五章　提高收入的七种方法 / 107

第十六章　客户满意度的四个层次 / 117

第十七章　通过客户的推荐壮大公司业务 / 128

第十八章　制订营销计划 / 147

第十九章　完善营销计划 / 158

第二十章　打造个人品牌 / 167

第二十一章　利润最大化 / 177

第一章

制订个人战略规划

珍惜你的愿景及梦想，因为它们来自你的灵魂，是你最终成就的蓝图！

——拿破仑·希尔（Napoleon Hill）

在过去的六个月里，你是否考虑过为自己设定一个具体的职业或业务目标?

□是　□否

如果你已经为自己设定了目标，是否为实现这些目标制订了具体的时间表?

□是　□否

本章主要论述个人战略规划的关键概念和技能。

在本章末尾的“实践练习”中，你将根据对自己的愿景、任务、目的和技能的了解，来确定自己的职业和业务目标。

一个人的成功在很大程度上取决于他的思考、计划、决定和行动的能力。这几项能力越强，实现目标的速度就越快，生活和工作中的幸福感就越高。

个人战略规划是帮助自己实现目标的工具。一个利用个人战略规划来组织和指导自己的生活的人与不做战略规划的人的区别就像坐飞机和坐火车的区别。虽然这两种交通工具都能将其从 A 点送至 B 点，但是乘飞机前往目的地，无须像乘火车一样在各个站点停留，也就是说个人战略规划会让你无须过多停留，就可以更快地实现自己的目标。

人眼睛的颜色和完美的乐感都是与生俱来的，但个人战略规划的技巧并非如此。它是一种系统的思考和行动方式，因此，掌握个人战略规划的技巧和骑自行车或更换轮胎一样，需要通过后天的学习。

通过学习，你可以掌握构成这项关键技能的各种不同要素，并将战略性思考和行动应用于日后生活的各个方面。当你习惯了这种方式，就会获得非凡的成就，生活和事业也会腾飞。

节约时间和金钱

为什么战略规划和战略思考如此有用？答案很简单，因为它们能够为你节约大量的时间和金钱。当你回顾和分析自己的职业和业务的关键战略问题和概念时，就会发现自己正专注于实现目标所必须完成的关键任务。与此同时，你会停止做那些阻碍自己取得成功的事情。因此，你会多做正确的事情，少做会让自己偏离正轨的事情，也会为自己的员工和工作设定绩效目标，熟练地评测和跟进工作的进展。无论是你的工作还是生活，都会因此步入快车道。

企业战略规划的目的是提高资产收益率。资产

是指股东投入企业中供企业运营的一定数量的资金。企业高管利用战略规划来分析和重组企业的资源，从而获得更大的经济收益。因而，企业进行战略规划的目标是实现利润最大化。

公司进行战略规划是为了通过更有效地配置人员和资源来获得更大的利润。有效的战略规划能够令公司超越竞争对手并获得一定的竞争优势。因此，公司能够创造更好的销售业绩，扩大市场份额，提升盈利能力，获得更高的投资资产回报，并在市场上占据更重要的地位。

规划生活和职业

个人战略规划的目标与企业的战略规划目标基本相同。关键的区别在于，个人的规划虽然不会获得更高的资产收益，但是能让你用同样的努力获得更高的回报。你可能会说个人战略规划会让你在生活上获得更高的回报。

企业用金融资本衡量其资产。对于个人而言，可以用人力资本来衡量个人资产。

个人资产指的是个人能够投入职业中的身体的、情感的和心理的精力。因此，在投入一定的精力后，个人要设定尽可能高的回报目标。此外，一个人投资自己的程度决定了他的收入和整体满意度，这也是个人战略计划的关键点。

当你感到沮丧或失望时，当你认为自己无法在工作或生活中获得自己想要的结果时，正是需要重新审视自己战略规划的时候。是时候坐下来问自己一些尖锐却十分必要的问题。如果你在工作中感受到了强大的阻力和巨大的压力，或者发现虽然自己的工作时间越来越长，但收入却并未提高，请花点时间重新审视和修改自己的战略规划。

问问自己这个关键问题：我最擅长的是什么？思考自己最擅长的领域或者自己明显优于他人的领域是什么。你需要知道自己的竞争优势是什么。

这是个人战略规划的核心。这个问题的答案会

让你明确工作和生活计划中的重点。你是否能够成功取决于自己在工作中最核心部分的表现。一个人一生中需要承担的所有责任中，最重要的责任之一就是确定自己最擅长的领域，并确保它能对自己的事业和收入产生积极的影响。一旦知道自己擅长的领域是什么，便会倾注自己所有的精力，尽可能在那个关键领域做到最好。

加里·哈默尔（Gary Hamel）在《为未来竞争》（*Competing for the Future*）一书中告诉我们，顶级的公司会提前5年规划公司的发展，确定他们届时取得行业主导地位所需的核心竞争力。随后，这些公司会立即实施相应的发展计划，以确保未来能够具备这些核心竞争力。

在制订个人战略规划时亦可以遵循此策略。你知道三到五年后，自己需要具备哪些核心竞争力才能成为行业的佼佼者吗？你需要具备哪些关键技能？你知道这些技能与自己目前所使用的关键技能有何不同吗？你如何开始培养这些新技能？从今天开始，你要制订相应的计划来培养和掌握在自己的领域中成为顶尖人才所需的额外的技能和能力。然后，每天遵照这项计划开展自己的工作。

几年前，我们有一个教练客户，她很快就晋升到了高管的位置。尽管她羞怯，不愿意成为焦点，但她还是做到了高管的位置。她意识到，要实现成为公司副总裁的目标，必须走出舒适区，提升自己的公共演讲能力。于是，她加入国际演讲会并努力练习演讲的技能，一步步从一名合格的演讲者成长为一名出色的演讲者，并最终成为一名优秀的演讲者。如今，她已经超越了自己最初的目标，成为一名高级副总裁。

八大基本问题

以下是开始进行个人战略规划之前必须回答的八大基本问题。用自己最强最全面的分析思维思考如下问题，这些答案将帮助你清楚地认识自己的理想事业和职业。

1. 价值观。在你的事业和职业中，哪些价值观、美德、素质和特质最重要？

2. 愿景。想象一下五年后的自己，如果那时你的事业和工作都很成功，会是怎样的场景？

3. 任务。根据你的价值观，你将如何准确地实现自己的愿景？

4. 目的。所有真正成功的高管和企业家都有一个共同的特征，那就是他们的首要目标都是真诚地希望通过工作或事业为他人服务。你的职业或事业的目的是什么？

5. 目标。为了实现自己职业或事业的理想，必须实现哪些具体的目标？

6. 知识和技能。为了实现你的目标和愿景，你需要在哪些领域表现出色？

7. 习惯。你需要养成什么样的思维和行为习惯，才有能力实现自己设定的目标？

8. 日常活动。你需要从事哪些具体的日常活动，才能确保自己成为想成为的人，并实现想实现的目标？

请记住，一个人的思维能力决定了他的生活质量。越是问自己一些深入的问题，答案就越有意义，对你越有帮助。正如一个人可以无止境地提高自己的思维能力一样，生活质量的提高也同样永无止境。

根据内外相映定律，一个人的外部世界永远是其内心世界的反映。如果你的内心世界没有任何的变化，你的外部世界也不会发生任何变化。因此，一个人对自己以及自己的价值观和目标的认识越清晰，就越能快速地做出成功所需的改变。

实践练习

1. 明确你的职业或事业的愿景。你理想的职业或事业是什么？工作的大部分时间都在做什么？能赚多少钱？会和什么样的人一起工作？会承担什么责任？

2. 根据你的价值观和愿景，定义自己的职业或事业的任务。

3. 你的职业或事业目的是什么？你的职业或事业能够为谁的生活服务？

4. 实现哪一个目标后，能最大限度地帮助你实现理想的职业或事业愿景？

5. 你非常擅长的技能中哪一项会比任何其他某项技能更快地帮助你实现最重要的事业或职业目标？

6. 根据本章所述，你打算立即采取哪些行动？

一个人只要一心想着自己的目标，就应该在心里画一条通往成功的道路，既不往左看也不往右看。

——詹姆斯 · 艾伦[1]（James Allen）

[1] 詹姆斯·艾伦，成功心理作家，作品众多，被称为20世纪的“文学神秘人”。——编者注

第二章

你从事什么行业

机会只青睐那些有准备的人。

——路易斯·巴斯德（Louis Pasteur）

你最近是否考虑过自己正在从事什么行业?

□是　□否

你最近是否考虑过自己可以从事什么行业?

□是　□否

本章通过解释和说明目标设定和战略思考的核心，阐明一个人如何定义自己是谁、目标是什么。本章结尾处的“实践练习”将引导你思考进行战略规划前必须要回答的几个关键问题。

在你的职业生涯或工作生活中，反复思考和回答这七大问题可以帮助你集中思考，做出重要的决定。定期问自己以下几个战略问题，因为对其中任何一个问题新的解答都可能极大地改变你的业务和职业的方向。

1. 你正在从事什么行业？

2. 你将来可能从事什么行业？

3. 你的竞争对手是谁或是什么？

4. 你的客户是谁？

5. 你擅长的领域是什么？

6. 你最大的限制条件是什么？

7. 你目前处于个人和事业发展的什么阶段？

本章仅探讨前两个问题。问题 3—7 将在后续的章节中进行讨论。

明确定义自己的职业和行业

第一个也是最重要的问题是：我正在从事什么

行业？这个问题看似简单，实际却很难回答。要确定自己的职业或业务目标，必须首先从自己能为客户或公司所做的事情来定义所从事的行业。要尽可能宽泛地定义自己所从事的行业，切忌思考出第一个定义后就停止思考，应该不断为自己所处的行业找到新的应用领域、新的市场和新的定义。

例如，20 世纪初，美国铁路部门仅仅把自己定义为铁路运输服务的供应商，这一定义势必会使其忽略新技术和运输方式，如卡车和飞机等对其业务带来的潜在威胁。如果他们认为自己属于货物和人员的运输行业，将自己定义为运输服务的供应商，可能就会用不同的方式应对技术变化。

同样地，在互联网热潮开始的早期，许多从事该领域的公司将自己定义为免费信息的提供者，他们的目标是吸引尽可能多的流量。然而，有些公司没有意识到需要通过销售产品或服务实现盈利，这类公司因此被行业淘汰了。他们没有认清互联网的本质是通信和销售渠道，互联网公司也必须和其他行业的公司一样专注于创收和盈利。由于未能准确定义他们的环境和行业，这些公司亏空了数十亿美元的投资。

首先，在定义自己所处的行业时，要思考自己的产品或服务如何影响客户，如何影响客户的生活或工作，二者之间的联系是什么；也要考虑现有客户和目标客户是谁。其次，在定义个人工作时，要考虑自己的老板和同事是谁，也要思考自己以及自己提供给各类公司的产品或服务会对公司内部和外部客户产生什么影响。

瞄准未来：你将来可能从事什么行业？

第二个问题是：如果一切继续按照目前这样发展下去，我将来可能会从事什么行业？

设想一下自己两年后可能从事的职业或行业，五年后可能从事的职业或行业。如果不改变对自己工作和行业的定义，你会做什么样的工作？目前的工作方式或经营方式是否合理？是否能够持续采取相同的策略，还是应该考虑在某些方面做出一定的改变？

首先，思考一下你可以从事什么行业。假如你的知识和技能、所经营的产品或服务、所处的行业或市场发生巨大的变化，你会面临什么样的局面？换句话说，如果你愿意为你的职业或行业环境进行评估，也愿意付出行动，你真正想从事什么行业？

其次，深入分析和考虑自己应该从事什么行业。请仔细而全面地进行自我审视。审视自己的技能、能力、抱负、精力，尤其是你内心深处真实的意愿。然后，分析自己的职业或行业所处的市场，思考二者是否匹配。如果不匹配，你需要思考应该做出哪些改变才能让自己的职业或行业在市场上蓬勃发展，或者可以考虑选择一个更合适自己的市场。你需要做出哪些改变，才能在未来过上自己想要的生活、做自己想做的工作？这些都是重要的问题。

实践练习

1. 你正在从事什么行业?

2. 你可以从事什么行业?

3. 你应该从事什么行业?

4. 你不应该从事什么行业?

5. 目前所处的行业需要发生哪些变化才能成为你的理想行业?

6. 你个人需要做出哪些改变才能使目前所处的行业成为自己理想的行业?

7. 根据本章所述，你打算立即采取哪些行动?

> 所有人今日的一切，都来自昨日的积累。
>
> ——罗伯特·路易斯·史蒂文森（Robert Louis Stevenson）

第三章
研究竞争对手

事实并不会因为被忽视而消失。

——阿道司·赫胥黎（Aldous Huxley）

在过去的六个月中，你是否曾花时间了解你最主要的竞争对手？

□是　□否

你是否足够了解最主要的竞争对手向市场供应的产品，是否熟悉他们的业务和营销策略？

□是　□否

本章探讨如何识别公司（或行业）内外的竞争对手，竞争对手指的是那些与你竞争相同结果和报酬的人。找准竞争对手能够帮助你制订相应的策略，在最短的时间内取得卓越的成果。本章结尾处的“实践练习”将帮助你通过几个必要的步骤来厘清客户的需求、了解竞争对手的产品，以及明确如何最大限度地优化自己的产品以满足客户的需求。

无论你是在公司工作还是自己创业，竞争是商业活动中必须面对的现实。价格设定（无论是作为薪资谈判的一部分，还是作为一种营销策略）就是一个很好的例子。你会如何回答如下两个问题：①谁决定你收取的价格？或者，谁决定了你的薪资水平？②你能描述出自己的销售情况和市场份额吗？或者，你能谈谈自己多年的工作经验吗？许多人会说是客户决定了产品的价格，老板决定了自己的工资水平。但有些人会认为是自己决定了自己的工资水平。事实上，这些因素都是决定一个人事业能否最终成功的关键因素。

但这些因素都不是一个人是否能够取得成功的

关键决定性因素。真正的决定性因素是市场中的竞争。无论是在公开市场上销售产品和服务，还是同一公司内部的晋升或争夺稀缺资源，都需要面对竞争。出于这个原因，彻底研究竞争对手就变得尤为重要，你要像了解自己一样了解竞争对手。

许多处于竞争中的人都会忽视竞争对手。聪明的竞争者不会轻视竞争对手、不会找他们的碴、不会批评他们。反之，他们会重视竞争对手、尊重成功的竞争对手，并将研究对手和向对手学习作为自己事业中的一部分。

你需要调查竞争对手。他们做了什么得到了晋升或得到了那份工作？他们在市场渗透和取得市场支配地位方面所采取的战略和策略是什么？他们如何定位自己的产品或服务？他们建立了哪些联盟或网络来确保不同的部门或分支机构能够通力合作？客户为何购买他们的产品？他们如何为客户服务？他们如何建立公司内外的关系？他们的定价策略是什么？他们掌握了哪些新技能或接受了什么培训用以掌握行业的动态？他们所采取的质量控制方法是什么？他们加入了哪些志愿或专业组织？

在掌握广博的基础知识和充分了解竞争对手的同时，你还需要仔细地审视自己以及自己的职业和业务，找准自己最擅长的领域。自己在哪些方面做得至少比竞争对手好90%？你的独特销售主张（USP）是什么——你所拥有的哪些特质或技能能够为客户或组织中的其他人带来价值或竞争优势，且这些特质或技能是其他个人或公司无法提供的？

一旦你确定了自己在工作或业务领域中的优势领域，就要审视外部条件。你如何根据自己擅长的领域在市场上定位自己或是自己的产品或服务？你将采用哪些销售和营销策略？根据竞争性定价策略，你将如何为自己的产品或服务定价？

在研究竞争对手的行为时，尽可能地扩大研究范围。例如，如果你是公司的老板，你可能会发现，在某些情况下，竞争对手可能不是同行业的其他个人或公司，而是来自另一个行业。例如，邮轮行业的直接竞争对手竟然是主营陆上假期的公司，两个行业争夺度假行业这一块蛋糕。

本章的目标并不是帮助你制订具体的销售和营销计划，这些内容将在后续的章节中进行更深入地讨论。本章的目的是确保你充分意识到研究竞争对手的重要性、制订研究计划，并将研究计划付诸行动。研究竞争对手将大大增加你实现职业和业务目标的概率。

实践练习

1. 你的竞争对手中最成功的是谁？

2. 为什么你的客户或潜在客户会购买竞争对手的产品？这些客户认为从竞争对手那里购买产品有哪些好处？

3. 你最擅长的领域是什么？

4. 你所处的公司最擅长的领域是什么？

5. 你独特的销售主张是什么——也就是说，你所做的能让客户受益的哪些事情是其他个人或公司无法做到的？

6. 你如何说服客户购买你的产品而不是你的竞争对手的？

7. 根据本章所述，你应该立即采取哪些行动？

> 伟大的思想需要起落架，也需要双翼。
>
> ——查尔斯·道格拉斯·杰克逊（C. D. JACKSON）

第四章

研究客户

生命本身毫无价值，除非为其他生命带来了影响。

——杰基·罗宾森（Jackie Robinson）

在过去的六个月中，你是否仔细研究过自己最重要的内部客户是谁？最重要的外部客户是谁？

□是　□否

在过去的六个月中，你是否考虑过取消与低价值客户的合作？

□是　□否

本章主要论述如何在职业或业务中树立以客户为中心的意识，旨在帮助你确定自己产品的理想客户，并制订有效的策略吸引更多的理想客户参与到你的业务活动中。本章结尾处的“实践练习”将帮助你满足最重要的内部客户的要求、确定当前和未来关键的外部客户，并帮助你确定应该停止与之进行业务往来的低价值客户，从而节省自己时间和精力。

你知道自己的客户是谁吗？你知道为了让自己的事业或生意得到生存和发展，必须满足谁的要求吗？

客户分为内部客户和外部客户两类。内部客户的定义很简单，指的是任何依赖你获得成功的人，以及任何你赖以成功的人。根据这一定义，内部客户包括你的同事和员工。专业顾问，例如律师和会计师，也可以被视为你的内部客户。事实上，你身边每一个你帮助的或帮助你的人，在某种程度上都是你的内部客户。

外部客户是指购买你的产品的人，因此外部客户是所有业务成功的关键点。此外，外部客户的满意度决定了一项业务是否能够成功，因此准确识别外部客户的能力是战略规划的核心。

在成功识别关键的外部客户之前，需要回答以下几个问题。你的客户如何定义价值？你能否列出自己的产品或服务能为该客户带来哪些具体的好处？从更深层次来说，为了让你的客户完全满意，你是否知道他们真正想要什么、需要什么？你能否阐述自己的产品或服务如何改变或改善客户的生活和工作？

21 世纪被称为“顾客至上的时代”，客户前所未有地处于商业交易的中心。因此，你的事业是否成功和生活中的回报很大程度上都取决于你识别并满足关键客户的能力。

如果按照当前的趋势继续发展，未来你的客户会是谁？如果你的产品或服务要转型，谁会成为你的客户？如果想要上升到行业顶尖，应该让谁成为你的客户？通过提升自己的知识、技能和能力，你可以满足该客户的哪些期望？根据你目前的知识和经验，你能说出在你的职业生涯或业务中，有哪位

客户是你合作后不想再合作的吗？当前的客户名单中是否包含了一些不应该成为你的客户的个人或企业？

如果你把自己的客户分为高价值和低价值两类，就能够更轻松地回答最后一个问题。首先，你要识别和分析最佳客户的特征。将所有的客户与最佳客户进行对比，并据此对所有的客户进行分类。这样一来，你能快速了解对自己价值最高的客户是谁。如今，许多公司都使用这一方法，以便将更多的时间和精力服务价值最高的客户，并吸引更多高价值的客户。与此同时，他们也在逐渐减少花在价值较低的客户身上的时间。在很多情况下，他们甚至鼓励低价值客户与其他公司合作。

一位成功的企业家用这一方法把客户分为了两类：一类是能够为他贡献 80% 销售额的 20% 的客户，这些客户也为其贡献了公司总利润的 80%。此外，他还“解聘”了 80% 的低价值客户，这些客户只能为他贡献 20% 或更少的收入。他找到了自己认为的同行业中能更好地为这些客户服务的其他公司，然后把低价值的客户逐一介绍给这些公司。因此，他就可以将所有注意力和精力集中在高价值的客户身上。一年之内，他的业务规模和个人收入翻了一番。这一策略对你有用吗？

实践练习

1. 你最重要的内部客户是谁？

2. 你的内部客户有什么特殊要求？

3. 对你最有价值的外部客户是谁？

4. 谁可能成为你的外部客户？

5. 谁应该成为你的外部客户？

6. 你应该“解聘”哪些外部客户——也就是说，你应该停止与哪些外部客户的业务合作？

7. 根据本章所述，你打算立即采取哪些行动？

> 一个人感觉合脚的鞋子却会夹痛另一个人的脚。
>
> ——卡尔·古斯塔夫·荣格（Carl Gustav Jung）

第五章
找准自己擅长的领域

我无法想象一个没有为生活付出一切的人会取得成功。

——沃尔特·克朗凯特（Walter Cronkite）

你能找准自己擅长的领域吗？

□是　□否

如果你知道自己擅长的领域，那么在职业或业务中你是否知道如何利用它们取得最大的成就？

□是　□否

本章主要论述如何找准自己擅长的领域，即那些可以使你取得非凡成就并能带来卓越成果的关键领域。本章末尾的“实践练习”将帮助你确定工作中的哪些领域能激发自己的卓越表现、带来快乐和能量。

每个人都有自己独一无二的天赋和能力。如果你能正确地开发自己的天赋和能力，就可以利用它们实现自己生活中的目标。如果你希望掌控自己的命运、实现梦想、创造一番辉煌的事业、过上充实而富有且满意的生活，必须要发现自己身上独特的天赋和能力，并努力地发展和提升自己的能力。在发现自我的旅程中，以下五个标志会告诉你是否正在朝着正确的方向前进。假如你正在积极追求一个可以发挥自己独特天赋或能力的领域，你会发现：

1. 你擅长这项活动。你的表现不仅达到了“好”的程度，而且取得了“杰出”的表现。

2. 你在这项活动中体验到了真正的快乐。你觉得这项活动不仅令你快乐，而且令你沉醉其中。

3. 你动力十足，十分投入，感觉自己精力充沛。虽然之前可能已经筋疲力尽，但当参与这项活动时，你会精神焕发。

4. 你的能量是会感染别人的。你周围的人也同样充满动力。

5. 你有不断提高这些独特天赋和能力的动力。你为这些技能设定了最高水平的绩效基准。提升能力的动力都是由内而发的，因为你意识到如果能适当地开发这些才能，会引导你实现自己最有价值的目标和理想。

如果幸运的话，我们会认识一些能够很好地平衡自我发现和自律的人。如果我们与这样的人共事，的确很幸运，因为我们有机会近距离观察这些人如何过上真正充实的生活，有机会向榜样学习。

只有当你认识到并着力培养自己独特的天赋和能力，才会取得真正的成功。只有这样，你才能平衡外在的成就和内在的满足感。

实践练习

1. 你在哪些领域的表现不仅能达到“好”的程度，

而且能够取得“杰出”的表现？

2. 你参与的哪些活动能给自己带来最大的乐趣？

3. 你参与的哪些活动最能让自己充满活力？

4. 你参与哪些活动时，会发现周围的人变得精力充沛？

5. 你最渴望在哪个业务领域学习并取得进步？

6. 要想在未来三到五年内跻身所在领域的前10%，你需要具备哪些核心能力？

7. 根据本章所述，你打算立即采取哪些行动？

> 发挥你的才华。若只有声音最悦耳的鸟儿在歌唱，树林该多沉寂。
>
> ——亨利·凡·戴克（Henry van Dyke）

第六章

解除限制因素

历史从来不接受困难这个借口。

——爱德华 R. 莫罗（Edward R.Murrow）

你是否知道阻碍自己实现主要职业和业务目标的关键限制因素是什么？

□是　□否

你是否已经确定了解除这些关键限制因素的策略？

□是　□否

本章探讨如何找出生活中阻碍你成为自己想成为的人、阻碍你实现目标的个人和职业因素，内部和外部因素。本章末尾的“实践练习”帮助你确定自己主要的职业和业务目标、找出实现职业或业务成功的关键限制因素以及探索解除这些限制因素的策略。

从建造生产设备到协商日常上下班时间，你所从事的复杂性活动的共同特征是它们包含了某个限制或约束因素，这一因素会直接影响完成工作和实现目标的速度。

例如，生产工厂的建设可能会因建材未能按时交货、计划外的土壤或地下水测试而延迟。再比如，你在每天通勤时都需要经过一段高速路，但这条路每天早上在同一时间段都会因为堵车行驶缓慢。这些制约因素或障碍可以决定你实现目标的速度，甚至决定你是否能够实现目标。

要实现自己设定的目标，首先就要确定实现目标需要完成哪些任务。接下来，分析每个步骤，找出关键限制因素。换句话说，这些步骤中的哪一步会限制你在规定的时间内实现目标（如图 6-1）。

限制理论

关键限制因素：对于每个目标或每个正在进行中的项目，至少有一个关键的限制因素决定了你实现目标或完成项目的速度。

什么因素决定了你实现目标的速度？

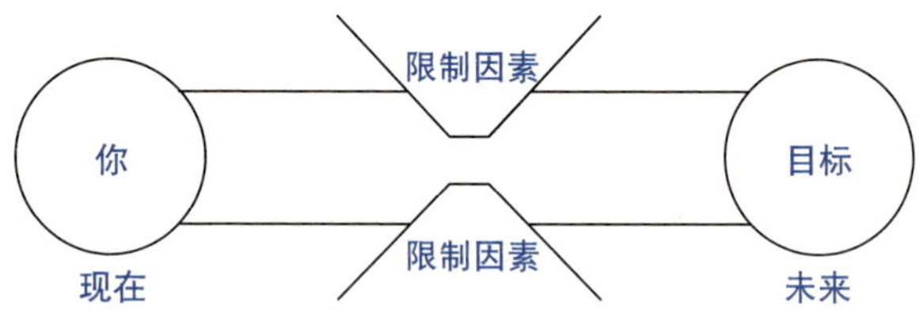

1. 明确你的目标。
2. 确定你的限制因素。
3. 专注减轻这一因素带来的影响。

图6-1

此时此刻，问自己这样一个问题：为什么我还没有实现目标？

例如，如果你的目标是收入增加50%，为什么你的收入没有达到这个水平？如果你想让自己更健康，为什么没有每天坚持锻炼？这样简单的问答就能让你发现阻碍自己实现目标的关键限制因素。

设想一下，阻碍你实现职业或个人目标的限制因素只有一小部分（大约 20%）是外部因素，而大部分限制因素（大约 80%）完全是个人因素。企业也是如此，80% 的限制因素存在于企业内部，而不是企业外部。如果你还没有达到理想的收入水平，没有时间或动力坚持每天锻炼，或者自己的业务没有收获理想的收益，请按照以上方法询问自己问题。你会发现问题的答案往往在于自己的习惯、信仰、态度和观点，或者自身的技能和能力的范围和水平，也就是说自己缺乏实现目标的技能和能力。

能够成功的人在寻找外部因素之前会先确定自身的限制因素。他们会问："我做的哪些事情阻碍了我前进？"或者"我们企业内部的哪些做法阻碍了我们进步？"一旦设定了一个重要的目标，第一步就是找出自身的限制因素，并以此为依据寻找外部的限制因素。如果你可以掌控自己的时间、行为和态度，就一定能掌控自己的事业。你的态度和精力决定了你能走多远。你影响或控制他人和外部事件的能力是有限的，所以要首先确定自身的限制因素。通过问自己“我自身的哪些限制因素在阻碍我前进？”来审视每个新挑战。

实践练习

1. 你的主要职业目标是什么？
2. 实现主要职业目标的关键限制因素是什么？
3. 你将如何解除这些关键限制因素？
4. 你的主要业务目标是什么？
5. 实现这一主要业务目标的关键限制因素是什么？
6. 你将如何解除这些关键限制因素？
7. 根据本章所述，你打算立即采取哪些行动？

> 困难方能见人品质。
>
> ——爱比克泰德[1]（Epictetus）

---

[1] 爱比克泰德（Epictetus，约 55—约 135 年），古罗马哲学家。——编者注

第七章

你处于斯格模德曲线的哪个位置

改变并不是那么容易的，更不用说是由坏变好。

——理查德·胡克（Richard Hooker）

你是否定期审视自己的职业或业务计划来评估计划的有效性？

□是　□否

你是否定期寻求新的想法和意见，以确保能成功地应对影响自己职业或业务的各种新情况？

□是　□否

本章主要研究斯格模德曲线，斯格模德曲线说明了所有企业随着时间的推移所经历的生命周期。

了解这一曲线能够帮助你有效应对职业或业务中出现的变化和机会。本章结尾处的“实践练习”旨在帮助你掌握所有任务的增长、衰退和平稳等各阶段的特征。

如果仔细研究，你会发现职业和业务像一年四季一样都遵循一种可预测的周期。大多数企业的发展都呈现一条“S”形曲线的趋势，这条曲线被称为斯格模德曲线。所有新活动开始的时候，都处于“S”曲线左侧的最高点，随后在学习阶段开始下降，在成长阶段开始回升，升至最高点后会趋于平稳，最后再次下降（如图 7-1）。

斯格模德曲线不仅能用于描述职业和业务的生命周期，还可以用于描述产品、服务、人际关系，以及组织机构的生命周期。

你需要仔细评估一下自己的生活、职业或业务目前处于斯格模德曲线的哪个阶段。自己是否处于第一阶段，即学习阶段；是否处于第二阶段，即成长阶段；是否处于第二阶段和第三阶段之间的平衡期；或者正处于第三阶段，即下降阶段？

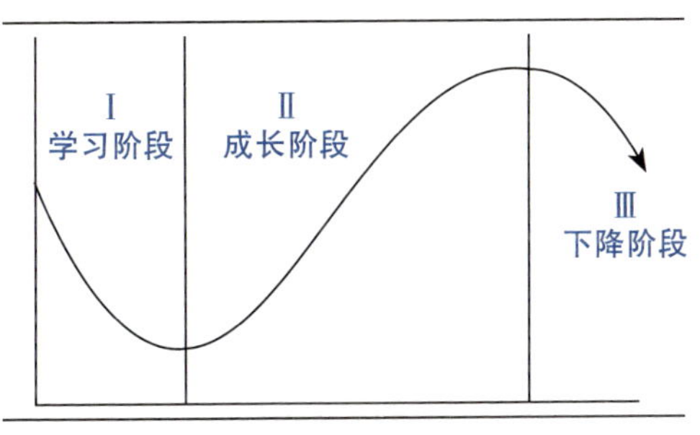

图 7-1　斯格模德曲线

每个阶段你都可能会遇到不同的事情。第一阶段，即学习阶段，是高度活跃的时期。在职业生涯或公司发展的初期，你会面临不同的机遇和问题，因此要采取新举措并吸取这些问题和机会带来的经验教训，投入大量的精力和时间来获得事业和经济上的回报。大多数新企业无法在第一阶段存活下来，因为他们缺乏生存的意愿或手段，或两者都较为匮乏。

如果你成功地度过了第一阶段，将会进入令人兴奋的成长阶段。在第二阶段，企业业务规模和收入会大幅提升，也会获得更多的机会，你工作时也充满了能量和激情。这是职业生涯和企业发展中令人兴奋的时期，机会无处不在，即使犯错也只是学习和成长的机会，这些错误会引领你走向成功的新路途，不会带你走向失败。

第三阶段是下降阶段，企业的销售额会下降、你的奖励会减少，工作热情会降低。这一情况也会反映在收入上面，不仅收入减少，工作的热情和士气也会随之下降。第二阶段展现出的饱满热情和激情也在逐渐减弱。你可能会质疑自己是否选择了正确的职业，或者是否应该继续从事自己当初选择的行业。

成功人士通过经常衡量自己在斯格模德曲线上的位置来了解和监控自己的职业或业务的状况。因此，对于任何可能影响其未来或公司未来的变化，他们都能迅速果断地做出反应。

当你处于第一阶段时，勇气和毅力会帮助你坚持对自己职业或公司的愿景。这一阶段的另一关键特征是你要为实现这一愿景灵活地制订和执行战略。

当你处于第二阶段时，在不断获得成功的同时，也要密切关注经济和市场的形势。不要因为成功而自满，随时准备做任何必要的改变，以使自己保持竞争优势。你对自己的职业生涯和业务的首要责任是认识和了解市场上的变化及其可能带来的潜在影响，并不断对自己和公司做出调整，确保能持续获得成功。

当你处于第二阶段时，应该利用丰厚的收入和利润建立大量的现金储备。调整过程中需要一笔可观的现金储备作为缓冲，因为在调整过程中往往会遇到意想不到的挑战。

未能关注不断变化的情况的后果是，你的职业生涯或业务需要突然应对众多变化，最终你会发现自己处于下降阶段。在这个阶段，以往的个人习惯和商业惯例不再有用。如果你发现自己处于第三阶段，解决方案很简单。问问自己在前几章中论述的基本战略规划的几大问题。在不断变化的外部和内部条件下，你的目标是对自己和公司进行调整，从而从第三阶段进入一个新的第一阶段。在这个阶段，失败的概率很高，因此你必须适应环境，继续前进，否则就会失败。第三阶段的挑战可能令人望而却步，但这给你提供了一个提升领导能力、重新审视职业或业务愿景的机会，并为你的工作注入新的活力。在 21 世纪的今天，所有处于第三阶段的个人和企业都需要顺应环境做出调整。所有的成功人士如果想在职业生涯中取得成功或创立能够盈利的企业，必须通过这一考验。

实践练习

1. 你处于斯格模德曲线的哪个位置？

第一阶段，学习阶段。

第二阶段，成长阶段。

第三阶段，下降阶段。

2. 如果处于第一阶段，你如何确保自己能够生存下去并进入第二阶段？

3. 如果处于第二阶段，你将如何监控影响自己的内部和外部力量？如何不断适应各种变化？

4. 如果处于第三阶段，你将如何重塑自我使自己进入新的第一阶段？

5. 你的公司处于斯格模德曲线的哪个位置？

第一阶段，学习阶段。

第二阶段，成长阶段。

第三阶段，下降阶段。

6. 如果处于第一阶段，你将如何确保公司能够生存下去并成功过渡到第二阶段？

7. 如果处于第二阶段，你将采取哪些措施来监控影响公司的内部和外部力量？如何不断适应各种变化？

8. 如果处于第三阶段，你将如何调整公司并使公司成功过渡到新的第一阶段？

9. 根据本章所述，你打算立即采取哪些行动？

在某种程度上，商场如战场。如果总体战略是正确的，即便有一些战术错误，公司最终也会成功。

——罗伯特 E. 伍德（Robert E. Wood）

第八章

提高工作效率的 11 种方法

世界上有数之不尽的人渴望自己能长生不老，但这些人却连一个下雨的星期天下午也不知道该如何打发。

——苏珊·厄兹（Susan Ertz）

你是否考虑过自己应该如何安排时间才能获得最佳结果？

□是　□否

你是否审视过自己应该如何工作从而获得最佳结果？

□是　□否

本章介绍了 11 种提高工作效率、更合理地利用

时间的方法。本章结尾处的“实践练习”将帮助你专注于某个关键的个人或职业目标、调整个人行为以尽快实现目标。

工作效率是决定一个人在工作领域中成败的关键。与大多数人相比，各行业顶尖的人知道如何在更短的时间内取得更多、更好的结果。因此，提高工作效率是实现个人和职业目标，获得成功的关键一步。若想提高个人工作效率，请重点做好以下11个关键领域。

1. 设定明确的目标并形成书面记录。若想提高工作效率，首先，要设定明确的目标，目标设定是训练计划的关键组成部分。所设定的目标必须是具体的且可衡量的，才能有效地指导你的行为。其次，所设定的目标必须反映你的信念并在你的能力范围内是可以实现的。此外，所设定的目标必须和你的价值观一致。最后，为自己的目标设定时间限制。另外，你必须能够准确写出自己的目标以确保所设定的目标是真实、具体的。目标越清晰、越具体，就越有可能在越短的时间内实现。

2. 制订清晰的行动计划。接下来，如果你想提高工作效率，请确保自己有一份清晰的、书面的行动计划。制订行动计划所用的每一分钟都会为你节省十分钟的执行时间。

列出实现目标所需的必要步骤或任务清单。每天早上写出当天需要完成的所有任务。严格根据清单完成工作。任务清单会让你走在正确的轨道上，并让你直观地看到自己已经完成的任务。只要遵循这个简单的步骤，就会取得非凡的成果，列出清单并根据清单完成工作，这样的做法将使你的工作效率提高 25% 以上。

3. 设定优先顺序。第三步是为清单中的任务设定优先顺序。在采取行动之前先分析清单上的所有任务，从而确定清单中的高价值任务，并优先完成高价值任务。任务价值高低的判断依据是由一项任务成败所带来的潜在后果决定的。高价值的任务会带来意义重大的结果；低价值任务的结果微乎其微，甚至根本不会导致任何后果。

4. 集中注意力，避免分心。选择一个高价值的活动或任务并立即开始，坚持不懈直到完成。将注意力集中在一项任务上，比反复开始和停止一项任务更能快速地完成任务。当你集中注意力完成一项重要任务时，能够节约 80% 的时间。

5. 延长工作时间，增加休息时间。通过早点上班、利用午餐时间工作、晚点下班等方式，你可以成为所在领域工作效率最高的人之一。在工作日早点上班晚点下班能够避开上下班高峰时的交通拥堵。这样的做法可以增加两到三个小时的工作时间，而又不会真正影响你的生活。但是，你会从这些额外的时间中获得巨大的好处，且几乎不会影响总体的日程安排。

同时，要注意有规律地安排自己的休息时间，或许可以试着从安排周末开始。如果周末休假已经成为你的日常惯例，也可以试着计划额外安排两三天的短假期，或者适当地安排一些更长的假期。休假的时候，就要完全抛开对工作的担忧，充分享受无须工作的生活。合理的休息会让你的头脑清醒、恢复活力。重返工作岗位时，你会惊奇地发现自己的工作效率得到了显著的提高。

6. 工作时更加努力工作。工作时，要始终专注工作，不要浪费自己的时间，也不要沉迷社交。当你在办公室工作时，就应该埋头奋力工作。能够做到这一点的人，工作效率都很高，并且比预期更快地实现了自己的目标。

7. 加快步伐。注重培养自己工作时的紧迫感，并在所有的活动中保持较快的节奏。努力工作，快速从一个任务切换到另一个任务。只要决定加快完成每项任务的速度，就能完成更多的工作。

8. 更明智地工作。关注自己所完成的任务的价值。虽然工作的时长很重要，但最重要的是所完成的工作的质量和数量。重申一遍，在那些有更大潜在成果的高价值任务上花的时间越多，就越会得到更好的结果。

9. 从事与自己技能匹配的工作。技能和经验很重要。当从事自己特别熟练和经验丰富的任务时，你会在更短的时间内完成更多的工作。

10. 整合任务。整合相似的任务并在同一时间集中批量完成所有相似的任务。比如，一次打完所有电话、一次完成所有估算报告或一次制作完成所有演示幻灯片。这样一来你可以提高完成每项任务的速度和能力。下一次需要打电话、编写估算报告或制作幻灯片时，你更得心应手、应对自如。逐一完成多项类似的任务可以节约 80% 的工作时间。

11. 删减步骤。将工作的几部分合并成一个任务可以省去一些不必要的步骤。如果可能的话，取消那些价值较低的任务。

以美国西北互助人寿保险公司（Northwest Mutual Life Assurance Company）为例。多年来，他们批准新保单的流程系统由 24 个不同的步骤组成，需要 24 个人经手才能完成，平均要持续 6 周。公司的市场地位受到那些审批时间更快的公司的严重威胁。鉴于此，公司将 24 个步骤中的 23 个步骤合并为一个步骤，只需一人即可完成。此人在检查了保单的所有细节后，提交给主管审核。然后，主管只需检查上一步的分析，就可给出批准或不批准的结果。从 24 个步骤减少到 2 个步骤使这个公司能够在 24 小时内将审批结果告知业务员和客户，且几乎不会出现错误。由于新的流程系统的审核速度很快，西北互助人寿每年能够额外承保数亿美元的保险。

竞争仍在继续

不妨做个游戏，每天挑战自己的记录，看看自己每天可以完成多少高价值的任务。为自己设定完成任务的时间表和截止期限，尽力在截止期限之前完成所有任务。看看自己可以在更短的时间内完成多少工作。

练习用想象来指导自己的表现。把自己想象成一个工作效率极高的人，暂时想象一下自己达到了工作效率的顶峰阶段，自己能够以正确的方式完成所有的任务，并能在很短的时间内完成大量的任务。因此，你对自己的表现十分满意，也十分自信。感到自己备受激励和鼓舞，处于大多数人很少经历的“能量满满”的神奇状态。

想象一下，五年后你将成为所在领域中工作效率最高、最成功的人之一，这会是什么样的情景？自己的外表、工作方式、参与的项目以及指导自己表现的原则。想象一下你的同事会如何向他人描述你？如何描述你的工作方式？用这些画面指导你目前的工作。请根据想象的情景回答以下问题：

我需要获得哪些额外的知识和技能才能显著提高自己的工作效率、发挥最佳的表现？

我的哪些习惯和行为对提高工作效率、工作成效、专注力、注意力、自律和毅力最有帮助？其他特质是否会变得越来越重要？

每天寻找提高工作效率的方法，一定会给你带来惊人的回报。

实践练习

1. 你的最重要的十个目标是什么？

2. 仔细回顾最重要的十个目标。选择一个目标，如果立即实现该目标，将对自己的生活产生最大的积极影响。这个目标就是生活中目前你的主要确定目标。

3. 实现你的主要确定目标的截止日期是什么时候？

4. 阻碍你实现主要确定目标的原因是什么？

5. 你需要什么额外的知识、技能或素质来实现自己的主要确定目标？你将采取哪些措施来获得这些知识或发展这些技能和素质？

6. 你需要谁的帮助或合作才能实现自己的主要确定目标？

7. 根据本章所述，你打算立即采取哪些行动？

当我们做出生命中重要的决定时，没有号角吹响。命运总是无声无息的。

——艾格尼斯·德米尔（Agnes De Mille）

第九章

帕累托定律

每天早上计划当天事务并按计划行事的人就好比在忙忙碌碌的生活中抓住了一条能穿过迷宫的线。

——雨果

你最近是否思考过如何从投入在职业或业务上的时间中获得最大的回报?

□是　□否

你是否知道自己的时薪?

□是　□否

本章主要论述高价值任务和低价值任务的区别，并提出几条建议确保你能将大部分时间花在那些能够带来最大回报的任务上。本章结尾处的“实践练习”将引导你逐步完成详细的计时过程，从而使你的努力获得最大回报。

所有提高工作效率的技巧中，最有效的技巧是有效且高效地利用自己的时间。以下三条简单的规则可以确保你能够从花费的时间上获得最大的回报：

1. 将更多时间投入高价值的任务，减少投入在低价值任务上的时间甚至不在低价值的任务上投入时间。

2. 开始做新的、有成效的任务，并停止做旧的、没有成效的任务。

3. 尽可能多地将时间投入到那些重要且（或）紧急的任务上。

帕累托定律

意大利经济学家、社会学家维尔弗雷多·帕累托（Vilfredo Pareto）因将数学应用于经济分析而闻名，他提出了重要的时间管理概念。他在著作《政治经济学讲义》(1896—1897)(*Cours D'economie Politique*，1896-1897）中，提出了著名的收入分配定律。在书中，他运用一个复杂的数学公式试图证明长久以来世界上的任何国家的收入和财富的分配都遵循一种固定的模式。他指出，一般来说，一个国家 20% 的人口赚取了整个国家 80% 的收入，控制了 80% 的社会财富。

如今，帕累托定律已经演变为人们熟知的二八定律。从广义上说，二八定律表明，80% 的成果是来自 20% 的努力。

众所周知，帕累托定律可以应用于生活中的各个方面。一般来说，生活中 80% 的快乐源自 20% 的人际关系，20% 的信念可能决定了你的 80% 的态度，等等。

帕累托定律也可以应用于商业活动的各个方面。通常，80%的销售额来自20%的客户；20%的产品创造了80%的收入；20%的营销活动贡献了80%的营销收入；20%的员工完成了80%的生产工作。

帕累托定律是否可以用来提升个人的工作效率？毫无疑问，答案是肯定的。事实上，帕累托定律是帮助提升个人工作效率最有效的原则之一。当用帕累托定律管理自己的时间时，会产生意想不到的效果。

大体上，以下四种方法可以提高个人的工作效率——在更短的时间内完成更多的工作：

1. 多做某些事情。

2. 少做某些事情。

3. 开始做一些目前没有做的事情。

4. 停止做一些目前正在做的事情。

思考前两句话：多做某些事情，少做某些事情。帕累托定律能够帮助你确定应该多做什么，少做什么。具体包括以下四个步骤：

1. 确定自己的最高价值任务——每天做的 20% 的任务能够创造 80% 的工作价值。

2. 确定自己的最低价值任务——每天做的 80% 的任务仅能创造较小的工作价值。

3. 下定决心将更多时间用于完成高价值的任务。

4. 决定尽可能多地委派或取消低价值的任务。

帕累托定律能够帮助你明确自己最有效利用时间的方式，从而显著提高个人的工作效率。

时薪

区分高价值任务和低价值任务的一个简单方法是问自己我会用自己的时薪聘请他人替我完成这项任务吗？计算时薪的方法很简单：用年收入除以 2000。例如，如果你的年收入为 100000 美元，则你的时薪为每小时 50 美元。如果年收入为 150000 美元，那么时薪为每小时 75 美元。如果年收入为

50000 美元，时薪为每小时 25 美元。

几年前，我们有一位从事金融服务行业的客户。该客户是一位年轻女性，她告诉自己的教练，她每天早上花两个小时给客户送甜甜圈，她想用这种方式让客户感受到她的关心。她的年收入为 75000 美元，而她的目标是收入翻倍。当她的教练问她是否愿意每小时花费 37.50 美元聘请他人送甜甜圈时，她回答说："当然不会！你觉得我疯了吗？"刹那间，她明白了这个问题的意义。她的时薪恰恰是每小时 37.50 美元，实际上，她花费了自己的时薪配送甜甜圈。随后，她决定用 10 美元的时薪标准聘请一个学生每天早上完成这项任务。这样一来，她每天就可以节约两个小时，每周就相当于省出一个工作日用于完成高价值的任务。不到十个月，她就实现了收入翻番的目标。

如果你在日常工作中努力贯彻二八定律，把更多的时间和精力投入在高价值的任务上，尽可能地聘请他人或取消那些低价值的任务，你也会感受到自己的工作效率得到了大幅度的提升。

实践练习

1. 你最重要的业务目标是什么？

2. 你目前的时薪是多少？（用年收入除以 2000）

3. 你理想的时薪是多少？（用理想的年收入除以 2000）

4. 持续一个星期详细记录自己利用时间的方式。可以使用律师和会计师常用的时间表，以 15 分钟为单位记录自己如何利用时间。这可能需要高度的自律，因为老板看重的是结果，而非时间。但是，坚持下去。你要把这种努力看作一种可以带来巨大回报的投资。每天晚上，仔细审视你的时间表。根据每项任务对实现最重要的业务目标的重要性，对完成的每项任务打分，价值最高的任务记 1 分，价值最低的任务记 10 分。列出所有记 1 分和 2 分的任务，这些任务就是最重要的前 20% 的任务。

5. 再次回顾自己一天的工作，用星号标出那些你愿意支付自己目前的时薪去聘请他人完成的任务。然后，第三次回顾自己一天的工作，用星号标出那些你愿意支付自己的理想时薪聘请他人完成的任务。

6. 在一周结束时，回顾你利用这一周的时间，列出一个囊括如下内容的清单:

a. 你的价值最高的前 20% 任务（即那些记 1 分和 2 分的任务）

b. 你愿意支付当前时薪请他人完成的任务

c. 你愿意支付理想时薪请他人完成的任务

展望未来，决心将尽可能多的时间花在高价值的任务上，即对于实现自己最重要的业务目标贡献最大的 20% 的任务。找出你愿意支付自己目前的时薪甚至是理想的时薪聘请他人完成的任务。此外，尽可能多地委派或取消低价值的任务。

7. 根据本章所述，你打算立即采取哪些行动?

成功的人养成了做失败者不愿干的事的习惯。

——爱迪生

第 十 章
零基思考法

大多数不幸都是滥用时间的结果。

——拿破仑·希尔

你最近是否审视过自己职业或业务的各个方面，评估是否值得继续投入时间、金钱、精力或情感？

□是　□否

如果一开始就知道自己日后需要改变某些关系、习惯、惯例，是否还会建立这段关系、养成这种习惯或形成这样的惯例？你是否已经准备好改变这些关系、习惯、惯例？

□是　□否

第十章 零基思考法

本章主要论述如何实践零基思考法。零基思考法能够帮助你评估职业或业务中的关键关系和任务，重新分配精力，从而实现所设定的目标。本章末尾的“实践练习”会帮助你确定自己的目标，评估个人和职业习惯、人际关系，并帮助你决定为了实现自己的目标，是否将时间和精力投入到正确的活动中。

习惯决定你会做哪些任务。从一天的开始到结束，你的言语、行动以及对某件事情的反应和回应很大程度上是由习惯决定的。一个人的习惯也会影响他的生活方式，成功、快乐的人往往会不断提高自己的生活品质，养成高效的工作习惯；反之，不成功、不快乐的人大多都养成了一些阻碍他们进步的习惯。

定期进行零基思考是非常有效的习惯之一。为了进行零基思考，请定期询问自己这个问题：

假如你了解目前的情况，如果可以重来一次，生活中的哪些习惯是你不愿意再养成的？

首先，审视自己的人际关系，既包括私人关系也包括工作关系。如果你知道自己目前会从事现在的工作，有哪些人际关系是你不愿意再投入精力、时间、情感或金钱的？

其次，审视自己的职业或业务。你所在的公司或职位是否与自己的价值观、技能和能力匹配？是否在公司、分公司或部门内建立了无效的人际关系或联盟？假如你在做生意，如果你当时能够预判到目前的情况，现在所经营的产品或服务中，有哪些是当初就不会经营的？不会涉足哪些目前正在销售的市场？不会接触哪些客户？不会聘用哪些员工？不会采用哪些流程？不会使用哪些分销渠道？不会采用哪些销售和营销策略？

为什么你还在这家公司或这个职位？为什么要维持这段关系？为什么仍然销售这个产品或服务？为什么继续瞄准这个市场或这些客户？为什么还留任这位员工？为什么仍然遵循这个过程？你为什么继续遵循这个策略？

有一点常识的人都不会在看起来就没有意义的

事情上浪费时间。当我们建立一段人际关系、聘用某个员工、做一项投资或采取某项营销策略，是因为我们相信自己能够从中受益。经过一段时间，我们的需求发生了变化，情况也就随之变化。因此，过去有意义的事情今天不一定有意义了。然而，有时候我们会因为过于忙碌而没有意识到这些变化，总是按照习惯做事，导致自己一直在维持某种旧式的或过时的经营模式。

在零基思考过程中，你会暴露自己生活中的这些习惯。此时，你可以问自己第二个问题：我该怎么办？答案往往是改掉生活中的这一习惯并继续前进。当然，有些情况可能不一定那么非黑即白。例如，如果你正在经历一段失败的婚姻，明智的决定可能不是直接离婚，而是先进行心理咨询，解决婚姻关系中出现的问题，并努力为这段婚姻关系注入新的活力。我们发现，最明智的做法是戒掉生活或工作中陈旧的、低效的，甚至是有害的习惯，将自己的精力投入到有意义的工作上。

回想一下上一章中讨论过的案例。那位女客户决定聘请他人代为完成每天早上给重要客户送甜甜圈的任务。这一举动让她每周腾出 10 个小时来完成高价值的任务，这对她在 10 个月内实现收入翻番的目标起到了重要作用。有趣的是，在做出这个决定之前，她问自己，即便了解目前的情况，是否依然会每天早上给重要客户送甜甜圈。她总结说：在职业生涯早期，自己采取这一策略是为了了解客户，正是这样的做法才使得她现在能够从竞争对手中脱颖而出。从某种意义上说，这已经成为她的个人标签。出于这个原因，她决定继续给客户送甜甜圈，但是是以一种不同的、更有效的方式，并不仅仅是出于习惯，而是一种经过深思熟虑的策略。她决定养成归零思考的习惯，定期审视自己的这一策略。

进行归零思考并据此采取适当措施的做法需要勇气和决心。你必须在自我评估的过程中极其诚实，也要下定决心做出改变。

从现在开始，养成习惯定期问自己归零思考的问题：假如我了解目前的情况，如果重来一次，有没有什么目前在做的事情是我不会再做的？仔细反思那些答案为“是”的任务和要素。然后，下定决心改变它们并让其再次发挥作用，反之就戒掉这些习惯。当你能够消除生活中消极的、无效的，甚至是起反作用的习惯，注入新的、积极的元素，会产生非常惊人的结果。你会节省更多的精力，内心会更加平静，工作效率也会得到提高。

实践练习

1. 你最重要的目标是什么？

2. 审视你的个人生活。假如你了解目前的情况，如果可以重来一次，思考：

a. 是否有人际关系是目前不想牵扯进去的？

b. 是否有健康、健身、饮食或生活方式的习惯是你目前不想养成的？

c. 是否有时间、金钱或情感方面的投入是你目前

不会投入的？

3. 审视你的业务。假如你了解目前的情况，如果你不得不重来一次，思考：

a. 不会经营或销售目前的哪些产品或服务？

b. 不会涉足目前的哪些市场？

c. 不会招揽或服务目前的哪些客户？

d. 不会采用目前的哪些销售方法或流程？

e. 不会采用目前的哪些分销渠道？

f. 不会聘用、提拔哪些员工，或者不会将某些特定的任务分配给哪些员工？

g. 不会采用目前的哪些业务流程或方法？

h. 不会采用目前的哪些营销策略？

i. 不会采用目前的哪些操作系统？

j. 不会采用目前的哪些技术系统？

k. 不想参与哪些合作、合资或投资？

l. 不会参与哪些商业项目？

4. 根据本章所述，你打算立即采取哪些行动？

第十章 零基思考法

每天反复做的事情造就了我们，然后你会发现，优秀不是一种行为，而是一种习惯。

——亚里士多德

第十一章
委派任务

我们知道什么、信仰什么，本质上并不重要。唯一重要的是：我们做了什么。

——约翰·拉斯金（John Ruskin）

如果有些任务影响你充分利用时间和精力，你是否会将这些任务委派出去？

□是　□否

你委派任务的方法是否有改进的空间？

□是　□否

本章主要讨论有效委派任务的流程。委派和外包某些任务和活动，能使你专注自己的职业或业务中少数的最有价值的关键任务。本章结尾处的“实践练习”会引导你确定需要委派的任务、选择合适的人选、明确任务的内容、时间表，以及如何监控和支持被委派的任务。

时间是每个人最宝贵的资源。值得庆幸的是，所有人每天都有同样多的时间。但在这种公平的竞争环境里，为什么有些人的成就会远远超过其他人？

答案显而易见。每个工作效率高的人都明白杠杆的重要性——用更少的钱做更多的事，用更少的钱获得更多的东西——并掌握了这种策略。

接下来的两章中，我们将探讨有效利用时间的各种方法。在本章中，我们主要探讨如何通过委派任务发挥杠杆的作用，以及有效委派任务的十项基本原则。

专注高价值的任务

通过阅读前面的章节，你已经掌握了区分高价值和低价值活动的技巧。能够使用帕累托定律和时薪确定自己的高价值任务，并据此决定将自己的时间和精力集中在这些高价值的任务上，委派或取消其余的任务。此外，通过零基思考法来确定自己要取消哪些任务。在决定委派哪些活动和任务时，明白上述问题的答案至关重要。有效地委派任务会使你能够腾出更多时间来做对自己的生活和业务产生最大积极影响的任务。

做最擅长的事；委派其余任务

第一个原则要求我们做自己最擅长的事情，然后把剩下的那些必须完成的任务委派给他人完成。很有可能你最擅长的事情是需要按照自己的时薪标准聘请他人代为完成的那些任务。

第二个原则是，“收入低于你的时薪或理想时薪的人可以完成的任何任务都可以委派其代为完成。”例如，如果你的目标是年收入达到 100000 美元，则将自己不愿意每小时花 50 美元来完成的任务委派给他人代为完成，这样你就可以将自己的时间和精力集中在价值大于等于每小时 50 美元的任务上。任何花在价值较低的任务上的时间都是在浪费你的时间和精力。

将任务委派给有能力的人

确定需要委派的任务后，下一步是选择将任务委派给谁。如果将一项重要任务委派给一个无法胜任的人，那么就为此人的失败埋下了伏笔，同时为自己的失败和失望埋下伏笔。

这并不是说这个人必须和你能力相当，但他必须具备足够的技能和经验，从而有效地完成委派给他的任务。因此，谨慎地选择被委派的人，不仅是为了实现被委派人的最佳利益，也是为了实现自己的最佳利益。

明确任务内容

明确自己理想的预期结果。当他人完成被委派的任务后，你想要达到的最终结果是什么？尽一切努力向被委派的人员清楚地描述自己理想的结果，然后让他复述对被委派的任务的理解。如果他的描述与你想要的结果有出入，请详细解释二者间的差异并请他再次向你阐述他对任务的理解。如果你们两个人一开始就不能达成一致，那么这项任务几乎不太可能成功完成。

此外，解释这项任务的重要性及必须完成的原因。如果没有合理的“原因”来解释你想要完成的“任务”，那么这一任务一定是枯燥的且毫无意义的。你希望被委派任务的人有高效且出色完成任务的动力，而这种动力往往始于他了解被委派任务的重要性。

规定最后期限

为被委派的任务设定明确的最后完成期限，不要设定含糊不清的期限。如果设定例如“下周某个时候”或“尽快完成”这样模糊的最后期限，对双方都没有好处。如果没有设定明确的完成日期，被委派完成任务的人就没有紧迫感，可能会导致工作无限期地拖延，让双方都陷入窘境之中。

建立基准

在执行被委派任务的过程中，评估任务的进度对双方都十分重要，双方需要就评估任务进度的标准达成一致。

商定完成任务所需的资源

有效委派任务的一个重要方面是确保被委派的

人拥有能够高效快速地完成任务所需的所有资源。

首先，你希望成功地完成被委派的任务。只有将任务全权委派给被委派人，你才能够腾出时间专注于更高价值的任务。因此，你要确定被委派任务的人需要哪些资源，并确保自己已经向其提供这些资源。例如，如果你委派他人向一组潜在投资者介绍提案，则需要向被委派任务的人提供研究材料和后勤保障。

因此，双方需要详细讨论被委派任务的各个重要环节，确保双方就需要的资源达成一致。随后，采取措施确保被委派任务的人在需要这些资源时可以使用这些资源。

商定完成任务的结果

如果被委派的人能够成功地完成任务，会有什么结果？负责执行任务的人是否知道这些结果？这些结果对于他们是否重要？是否能激励他们？结果不一定是巨大的，但应该对被委派任务的人而言是有意义的。否则，不会起到什么效果。结果背后的情感意义才能对执行任务的人产生最大的影响。

相反，如果任务的完成情况没有达到你的满意程度，会有什么后果？这些后果对负责完成任务的人重要吗？同样地，情绪会压倒逻辑。

因此，双方需要开诚布公地讨论任务的结果，要乐于接受建议。你认为对他人重要的东西，可能恰恰反映出是对自己重要的东西。但问题的关键是双方就完成任务时需要实现哪些重要且有意义的结果达成一致。

当任务完成后，或者约定的完成日期已过但任务尚未完成，请兑现你对结果的承诺。违背诺言会让你在未来的沟通和项目中失去他人的信任，也会影响你未来有效委派任务的结果。

形成书面协议

在开始执行被委派的任务之前，还有一个重要的步骤，将此前的工作流程以书面协议的形式记录下来并要求双方签名。从心理学上讲，这一步使双方的共同意志转化为对彼此的承诺。

让执行任务的人准备书面协议意义重大。这是确定双方就任务的各个方面达成一致的唯一可靠的方法。如果初稿不能完全准确地表达你认为已经达成一致的内容，也不要感到惊讶。与其心烦意乱，不如庆幸误解在这个阶段已经浮出水面，并且应该清楚在当前阶段能够有机会纠正。请记住，你有责任确保被委派的人做好充分的准备并具备成功地完成任务的能力。

审视自己的期待

要警惕这样的陷阱，即委派完任务后就置之不理。有效地委派任务并不是放任不管。你需要花时间设定基准和时间表，并据此来评估任务的进展情况。利用既定的基准和时间表建立一套评估任务进度的体系。这样，你可以及时地发现和解决遇到的问题，避免问题失去控制，导致任务无法完成。

关于有效地委派任务，还有以下四点需要说明。

首先，本章中描述的所有原则、方法、定律仅适用于委派相对复杂的任务。正如在第 9 章中提到，她将每天早上给重要客户送甜甜圈的任务委派给他人完成，这样的过程似乎过于简单了。尽管如此，但基本原则仍然适用。你需要根据自己的常识判断如何根据具体情况应用这些基本原则。

其次，被委派任务的人的能力和经验水平也会影响你如何利用这些原则。例如，在职业棒球比赛中，教练不会安排投手在紧要关头代打，因为这不是他的强项。

再次，避免陷入许多企业家都会陷入的陷阱——不要因为员工中没有人能够完成被委派的任务，就放弃委派该任务，因此失去该任务带来的利益。成功的企业家会选择将公司中的某项业务外包出去。例如，就制作销售所用的幻灯片这一任务来说，这项任务并不是你的强项，虽然花费了大量的时间，但效果依然不尽如人意。这种情况下，可以考虑外包——将这项任务委派给专门从事该领域的独立承包商。这样一来，做出的幻灯片质量会更好，你也可以把精力集中在更有价值、自己更擅长的任务上。

最后，尽管某项任务看起来麻烦大于价值，无论如何都要试一试。像任何其他技能一样，需要花费一定的时间才能了解如何有效地委派任务。但如果你坚持下去，就会获得令自己大吃一惊的回报，工作效率也会显著提高。

实践练习

1. 哪一项活动或任务不能最有效地利用你的时间，但对你的事业成功至关重要？你会把这样的任务委派出去吗？

2. 被委派的人需要具备哪些技能和经验才能有效地完成这项活动或任务？谁具备这些条件？此人可以

是你的员工，也可以是外包的独立承包商。

3. 你是否明确定义了被委派活动或任务的内容？详细描述成功完成被委派活动或任务后，你期望得到什么样的结果？

4. 成功完成被委派的活动或任务的最后期限是什么时候？需要用什么基准和中期结果评估被委派活动或任务的进度？

5. 需要哪些资源才能有效地完成被委派的活动或任务？

6. 如果成功完成被委派的活动或任务，执行任务的人会有什么结果？如果没有成功完成被委派的活动或任务，执行任务的人又会有什么结果？

7. 根据本章所述，你打算立即采取哪些行动？

> 请不要忘记，我们所面对的并不是绝对的理性动物，而是充满了情绪变化、成见、自负和虚荣的动物。
>
> ——戴尔·卡耐基（Dale Carnegie）

第十二章

杠杆的力量

只要你看到一个成功的企业，就知道有人当初做了一个大胆的决定。

——彼得·德鲁克（Peter Drucker）

为了利用自己的技能和优势，你是否定期审视自己的知识、精力、金钱、想法和经验的来源？

□是　□否

你是否知道如何培养习惯和建立人脉，从而获得这些重要的外部支持资源？

□是　□否

本章介绍了七种重要的杠杆形式，可以使你运用庞大的知识、创意和经验网络来提升自己的才能和能力。本章结尾处的“实践练习”将指导你如何在生活中识别和开发这些资源，并建立稳固的职业和商业网络。

用古希腊哲学家阿基米德的话来说，“只要给我一根足够长的杠杆，一处可以立足的地方，我就能撬起地球。”这句话颇具普适性。正如本章中论述的一样，你也可以利用杠杆原理提升自己的才能和能力。如果能够充分利用这一原理，便可以在职业和业务上取得前所未有的成就。

在第十一章中，对有效委派任务原则的学习和实践为你充分利用杠杆的作用奠定了必要的基础。在本章中，我们将研究这个关键工具的其他形式，从而帮助你获得职业和业务上的成功。

七种杠杆形式中的任何一种都可以帮助你提升自己的才能和能力，帮助你增长经验以及改善与他人的关系。

1. 利用他人的精力。工作效率最高的人经常会将低价值的任务委派或外包出去，从而确保自己有时间专注完成少数能给他们带来最大回报的任务。在第十一章，我已经详细论述了杠杆的这一关键作用。

2. 利用他人的知识。倘若能将关键知识应用到自己的工作中，便可获得截然不同的结果。从其他的渠道获得和应用相关的知识，可以为自己节省大量的金钱和努力。跟随成功人士的脚步，借助书籍、杂志、文章或参加学术会议，寻求可以帮助自己更快实现目标的想法和灵感。此外，互联网能够使你更快、更方便地了解他人的知识。

3. 利用他人的金钱。知道如何以及何时利用他人的金钱，也就是说通过借贷或以其他方式利用他人的财务资源，使你能够实现通过利用自己的资源无法实现的目标。寻找借贷和投资的机会，从而获得超过借入资金成本的回报。资金来源有很多，诸如特许银行、储蓄与贷款社、风险投资家以及公开发行和私人发行的证券。

4. 利用他人的成功。研究他人或其他公司是如何成功的，从而深入了解他们面临的挑战及相应的解决方案。大多数成功人士都是在付出了巨大的金钱、精力、努力，甚至是失败的代价，才最终成为所在领域的顶尖人物。因此，你要从他们的经验中学习，研究他们成功的经验，看看能够吸取哪些经验和教训，从而为自己节省大量时间，避免更多的麻烦。

首先阅读所在领域的成功人士的传记并研究他们的职业生涯。尽管你可能会感到害怕，但请不要犹豫，要和身边的榜样进行交流并寻求他们的建议。你可能会惊讶地发现，许多取得非凡成就的人都乐于向其他想在同一领域做出一番成绩的人伸出援助之手。成功人士给出的建议往往都是无价的。

一旦实现了自己的目标，一定要感恩那些向你伸出过援助之手的成功人士。尽自己所能回报那些追随你的人，你会从帮助那些刚刚起步的人中获得特别的回报。

5. 利用他人的失败。正如本杰明·富兰克林所说："人们既可以购买知识，也可以向其他人借用知识。如果是购买知识，需要以付出个人的全部时间和财富为代价。但如果是借用知识，只需要从别人的失败中吸取经验教训。"

历史会让人从相同或相似领域其他人的失败中吸取教训，从而让人取得巨大的成功。从他人的失败中吸取的宝贵教训可以引导你在自己的职业或业务中做出更好、更明智的选择。仔细观察和聆听那些著名的失败案例，从中学习适用于自己的宝贵经验。

仔细聆听那些成功人士的故事。那些真心想要帮助你的人会与你分享他们的失败和成功。两种经验都要仔细聆听，但更需仔细地聆听他们的失意和失败的故事。只有在这些失败的故事里，你才能大有所获。

6. 借鉴他人的想法。如果你有一个好的想法，并用热情和努力将其付诸实践，便可创造一笔财富。你通过阅读、学习、互动和实验所获得的想法越多，就越有可能找到可以让自己获得成功的方法。

我们并不是说一个好的想法就一定能让你获得成功，恰恰相反。一个好的想法只是一个开始。虽然成功的故事中总是充满了好的想法，但在这些想法付诸行动之前，不会获得任何的收获，也没有任何意义。将这样好的想法付诸行动是获得收获的唯一途径。这个想法可以是你自己的，也可以是你调查研究时发现的。无论其来源是什么，如果一个人愿意投入精力和资源将其付诸实践，便可获得丰厚的回报。

7. 利用他人的人脉或声誉。你认识的所有人中有自己的朋友、熟人和工作上的联系人，这些人当中或许有很多人可以对你的职业或业务产生积极影响。在所有你认识的或与你有某种联系的人中，谁可能为你提供帮助？谁会向你引荐能帮助你更快实现目标的人？一次关键的引荐或许可以改变你的一生。

在我们的培训项目中，我们反复强调如何让对我们满意的客户引荐客户的技巧。这是通过他人的人脉提升自己的另一个有效的方式，这也是发展业务的最简单、最具成本效益的方式之一。

掌握这七种杠杆形式能够飞速提升你的工作效率，并让你保持巨大的优势。你不仅要研究这七种杠杆形式，更重要的是运用这七种杠杆形式。这样一来，你会发现自己的信心和影响力获得明显地提升，潜在客户也会不断增多！

实践练习

1. 你将如何通过利用他人的精力来发挥自己的才能、技能和行动？

2. 你将如何通过利用他人的知识来发挥自己的才能、技能和行动？

3. 你将如何通过利用他人的金钱来发挥自己的才能、技能和行动？

4. 你将如何通过利用他人的成功来利用自己的才能、技能和行动?

5. 你将如何通过利用他人的失败来发挥自己的才能、技能和行动?

6. 你将如何通过借鉴他人的想法来发挥自己的才能、技能和行动?

7. 你将如何通过利用他人的人脉来发挥自己的才能、技能和行动?

8. 根据本章所述,你打算立即采取哪些行动?

> 只要不介意功劳簿上怎么写,什么事都能做成。
>
> ——杜鲁门

第十三章

大卫·李嘉图的比较优势理论

不要试图在所有事情上都表现出色。选择一些自己擅长的事情尽力做到最好。

——莉兹·阿什（Liz Ashe）

在自己的职业或业务中，你是否知道哪些领域能够在市场中占据比较优势?

□是　□否

为了使自己能够占据比较优势，你是否有决心集中精力完成价值最高的任务并将其余的任务委派或外包出去?

□是　□否

第十三章 大卫·李嘉图的比较优势理论

本章主要研究大卫·李嘉图（David Ricardo）的比较优势理论，以及如何利用这一原理实现自己的职业和业务目标。本章结尾处的“实践练习”将引导你完成确定自己的比较优势所需的步骤，并帮助你制订最有效地利用自己的时间和精力的计划。

18 世纪末，大卫·李嘉图既是一名热爱经济学的学生，同时也是一位股票经纪人，并成为继亚当·斯密（Adam Smith）之后英国最杰出的经济学家。他的观点和理论影响主导了 19 世纪经济学这一学科的目标和方法。

令人震惊的发现

李嘉图因其提出的国家比较优势理论而著称，该理论假设专业化会带来财富，自给自足势必会导致贫困。起初，人们认为这一理论十分荒谬，并且直至目前，那些没有真正理解这一理论的人仍然这

么认为。

李嘉图的研究表明，即使两个国家在可交易商品的生产力都存在较大的差异，两国之间的贸易依然能够互利。李嘉图试用葡萄牙和英国的贸易举例证明自己的观点。葡萄牙生产的小麦和葡萄酒的成本比英国低，这使葡萄牙在这两种商品上都具有绝对的成本优势。李嘉图在深入研究这两个行业的经济状况后发现：在英国，1 单位葡萄酒的生产成本相当于 2 单位小麦的生产成本，而在葡萄牙，生产 1 单位葡萄酒的成本相当于生产 1.5 单位的小麦。

丧失机会

尽管葡萄牙的小麦生产成本比英国低，但葡萄牙每生产 1 单位的小麦都让该国失去了生产 1 单位葡萄酒而获得更高利润的机会。这被称为丧失机会的成本。

从这个角度来看，葡萄牙在葡萄酒生产上有比较优势，而英国在小麦生产上有比较优势。李嘉图进一步研究，试图揭示在葡萄牙专注生产葡萄酒，而英国专注生产小麦的情况下，两国如何通过这两种产品的贸易使彼此获益。

比较优势理论在生活中的应用

就个人层面而言，这就是为什么我们在培训项目中反复强调最高价值任务的重要性以及你要确定自己的最高价值任务，专注完成最高价值任务并委派或者取消其余的任务。最高价值任务是那些工作量仅有 20% 却会产生 80% 的预期结果的任务。你也可以从时薪的角度理解这一原则。在你所做的所有任务中，那些你不愿意支付自己的理想时薪聘请他人代为完成的任务，都会导致丧失机会的成本。正如与帕累托定律（二八定律）所阐述的一样，这些任务应该被委派出去甚至应该被取消。此外，在前面的章节中，你已经学会了如何严格按照零基思维的方式决定是否委派或取消某项任务。

也许委派一项重要任务的最大难点在于，你不相信其他人可以完成得像你一样好，或者不相信其他人能够和你一样以如此节约成本的方式完成这一任务。事实上，虽然你的担忧可能有一定的道理，但相信你理解了绝对优势的例子后就会意识到自己的想法是错误的。就像葡萄牙生产小麦的成本比英格兰低一样，李嘉图比较优势定律表明，从你的努力中获得最大回报的方式是专注于完成那些能给你带来最高经济回报的任务和最高单位工作净值的任务（即你的比较优势），并将其余的任务委派他人代为完成。

这是提升时间管理效率和提高工作效率的关键。腾出尽可能多的时间来做那些对你的努力产生最高回报的任务。如果有些任务他人能够完成到你所完成的 75% 的程度，便可以低于自己的时薪或理想时薪的标准聘请他人代为完成。这就是人们常说的“多做即少做”。当你能够恰当自如地应用李嘉图的比较优势理论时，你的工作效率水平也自然会得到提高。

比较优势理论在业务中的应用

李嘉图的比较优势理论也同样适用于业务管理。如果你将公司的资源（比如员工的金钱、时间和精力、实体厂房和设备、智力资本等）投入到其他公司具有比较优势的经营活动中，便会招致机会成本损失。在某些情况下，损失可能十分惨重。

很多时候，我们在努力“做到最好”的过程中，往往会落入亚当·斯密所说的专注“绝对优势”的陷阱中。斯密主张做所有你（或你的公司）比竞争对手更擅长的事情。从表面上看，这似乎是有道理的。但是，李嘉图比较优势原理强调仅仅将资源投入到生产那些你具有比较优势的商品上，将其他一切活动委派或外包出去。

分享一则这样的案例，我们的一个教练客户经营着一家效益较好的公司，这家公司专门为富裕的老年人提供安全投资产品。他有一个由八名投资顾问和少量后勤人员组成的团队。该公司有着非常具体的营销策略，定期发布直邮广告，邀请人们参加有关投资的私人研讨会。研讨会由公司的财务顾问主持，他们首先会要求感兴趣的与会者填写一张评估个人情况的卡片。随后，投资顾问会跟进每位潜在客户、分析他们的需求，并推荐他们投资公司的一种或多种投资产品。这些财务顾问都是演讲专家，也都是出色的销售人员。在了解了李嘉图的比较优势理论后，我们的这位客户决定做一次实验。他联系了一家专门从事研讨会的外部公司。虽然他觉得自己的团队更擅长组织研讨会，但他认识到，当公司的财务顾问能够专注与潜在客户促膝长谈并达成交易时，才能从员工投入的时间中获得最大的回报。因此，他决定将研讨会一半的组织工作外包给这家专业从事研讨会组织工作的公司，并测试效果。结果不出所料，虽然参加研讨会的潜在客户数量变少了，但收入却提高了，因为财务顾问能够将更多时间投入到价值最高的任务中，即展示公司的产品和达成交易。很快，他通过将公司最宝贵的资源（财务顾问的时间）集中在其最高价值的活动上，即向有财力的潜在客户销售合适的产品。这一案例证明了李嘉图比较优势理论在其业务中的有效性。

另一个客户经营一家制造精密医疗诊断设备的公司。当他参加我们的培训项目时，他已经成功地对公司进行了纵向合并，能够以低于购买价格的成本生产出主要产品的许多零件。学习了李嘉图的比较优势理论后，他意识到如果重新部署公司的资源，从独立供应商那里购买零件，尽管购买零件付出的成本略高，但公司只专注于生产和营销高利润的诊断设备，便可提高公司的生产效率和盈利能力。这是强调公司或个人要重视比较优势而非绝对优势的典型例子。

仔细审视自己的业务，你的哪些产品和服务能够带来最高的回报？这些产品便是你在市场中的比较优势。

用同样的问题审视公司的内部流程。你是否能将公司的资源集中在带来最高回报的产品或服务中，购买或外包所有其他的零件或服务来提高公司的生产效率和盈利能力？

实践练习

1. 哪些活动虽然只占工作量的 20%，却产生了 80% 的结果？这些便是你个人的比较优势。

2. 哪些活动虽然占据了工作量的 80%，却只产生 20% 的结果？这些活动是你需要委派或外包出去的活动。

3. 你目前的时薪是多少？（用年收入除以 2000）

4. 你目前所从事的活动中，有哪些活动是你不愿意按自己的时薪标准聘请他人代为完成的？这些活动是你需要委派或外包出去的活动。

5. 公司的哪些产品或服务能够为公司资源的投入带来最高的投资回报？这些产品或服务就是公司的比

较优势领域。

6. 公司的哪些产品或服务能够为公司资源的投入带来的投资回报最低？这些是需要外包或从外部供应商购买的产品或服务。

7. 根据本章所述，你打算立即采取哪些行动？

我知道成功的代价：奉献、苦干，以及对目标的不懈追求！

——弗兰克·劳埃德·赖特（Frank Lloyd Wright）

第十四章
帕特农原则

拥有征服的决心是获得成功的首要条件。

——斐迪南·福煦（Ferdinand Foch）

你能确定你的公司或业务中的七个核心基础系统吗?

□是　□否

你是否能够小幅提升这七个核心基础系统从而提高公司的整体工作效率和盈利能力?

□是　□否

本章主要研究帕特农原则，该原则将创业和守业类比于古希腊人的伟大建筑创作——帕特农神庙。该原则能够帮助你确定自己业务的七大核心基础系

统或支柱。本章结尾处的“实践练习”旨在帮助你了解可以采取哪些关键行动来确保公司或业务的健康和稳定发展。

在希波战争期间，雅典卫城的许多建筑都被入侵的波斯军队烧毁。在战争结束之后，自公元前 479 年，雅典人开始重建卫城。卫城的重建以帕特农神庙的落成达到了高潮，这是那个时代所有希腊神庙中最雄伟的神庙。帕特农神庙是为了纪念智慧女神和雅典卫城的守护神雅典娜而建造的。历经 2000 多年，依旧完好无损地屹立在希腊。直到 17 世纪中叶，在土耳其人和威尼斯人之间的一场战争中，帕特农神庙被部分摧毁。

这座宏伟的建筑是希腊最大的神庙，由 150 多根圆柱支撑起来。若想成就一番事业或创办一家成功的企业需要许多支持和支撑，就像帕特农神庙需要由 150 根柱子的共同支撑才能屹立不倒，因而人们习惯用帕特农神庙类比成功的企业或事业。

隐喻

你的事业或业务对你的重要性就好比帕特农神庙对希腊人的重要程度。这座宏伟的神庙历经多年的精心策划和极其艰苦的施工才最终修建完成。如果你想创立一番成功的持久的事业，也需要为此付出同样的努力。

雅典人的事业之所以能够最终成功，是因为他们付出了非同寻常的努力，你也应该如此。

与帕特农神庙一样，你的职业和事业也同样需要几大支柱的共同支撑和支持，每个支柱都对你的事业全局和生存起到至关重要的作用。

帕特农神庙“坚如磐石”。因此，你的事业或业务也必须建立在坚如磐石的原则之上。

帕特农原则

帕特农神庙的每一个支柱都能增强整个庙宇的坚

固程度。因此，整个庙宇结构的坚固性，即耐久性，都会得到改善。显然，每个支柱的微小变化都会引起整体结构的巨大变化。你的职业或事业也是如此。

这也就是我们俗称的帕特农原则：多方面的微小的进步能够大大改善整体的结果。

增量变化

以人体为例，人之所以能够活着是几大系统共同支持的结果，也就是帕特农原则中的“支柱”。如果人体内某一个系统的功能有所改善，个人整体的健康状况便会有所改善。因此，假如人体内的各个系统的功能稍有提升，便可发觉自己的健康、精力和活力得到明显的提升。这就是为什么适当的健身锻炼可以改善人体的各个系统：呼吸系统、循环系统、运动系统以及消化系统等。一旦各个系统功能得到改善，身体健康的重要指标，如脉搏、血压、呼吸频率等都会得到显著的改善，个人整体的健康状况也会得到显著改善。

同样，你的业务或公司也是由多个基础系统组成的，并且所有这些系统都是相互关联的。在我们的培训项目中，也涉及了七大核心系统或支柱：销售、服务、定价、促销、顾客推荐、工作效率和盈利能力（即成本控制）。与人体一样，这些系统中的任意一个系统得到改善，都将使公司或业务的整体运营状况得到显著改善。此外，这种改善是逐步累积的。换句话说，各方面的微小改善都会使整体的业绩呈指数级增长。因此，如果七个活动领域中的每一个领域提高10%，就可以使整个企业的工作效率和盈利能力呈翻倍增长（见表14-1）。

表14-1

活动领域	绩效提高	累积效应
销售	10%	1.10*x*
服务	10%	1.21*x*
定价	10%	1.33*x*
促销	10%	1.46*x*

续表

活动领域	绩效提高	累积效应
顾客推荐	10%	1.61*x*
工作效率	10%	1.77*x*
盈利能力	10%	1.94*x*

因此，你需要专注提升自己的业务或公司的这七大领域，并激励自己的关键员工也这样做，一同寻找能够使业务和公司获得微小提升或改善的方法。比如，如何增加销售额？可以通过哪些方式提高服务的质量？如何才能提高价格，即使价格提升的幅度不高？如何提高促销活动的有效性？如何增加顾客推荐的数量？可以采取哪些措施来提高工作效率？如何降低成本？如表 14-1 所示，如果你在以上各个领域都能提升 10% 的绩效表现，那么公司或业务的整体工作效率和盈利能力都能翻倍。

实践练习

1. 你如何改进自己的产品才能使其更具吸引力、

更畅销?

2. 你如何改变或改进自己销售和营销的策略和流程才能提升销售额?

3. 你如何提升自己的客户服务运营，使自己的业务对客户来说更加友好?

4. 你如何修改定价结构才能使自己的产品在市场上更具吸引力和竞争力?

5. 你如何改变促销活动才能提高产品的市场竞争力?

6. 你需要采取哪些措施才能吸引更多高质量的推荐客户?

7. 你需要做出哪些改变才能提高公司的工作效率?

8. 你需要采取哪些措施才能提高业务的利润率?

9. 根据本章所述，你打算立即采取哪些行动?

> 仅仅有好的头脑还不够，重要的是善于使用它。
>
> ——笛卡尔

第十五章

提高收入的七种方法

一直以来，我发现如果掌握了 75% 以上的信息后再行动，我通常不会后悔。正是那些等待万事俱备的人才会疯掉。

——李·艾柯卡（Lee Iacocca）

你是否知道为公司或自己的业务增加收入的七种关键方法是什么？

□是　□否

你是否分析过公司或业务目前的收入来源是什么，公司是否采取了能够使收入大幅增长的战略和策略？

□是　□否

本章探讨提高公司或业务收入的七种基本方法。在你探索如何增加总销售额和净销售额、研究产品和客户的盈利能力、降低销售成本的方法时，本章的内容能够为你提供指导。本章结尾处的“实践练习”可以帮助你厘清采取哪些具体的措施来分析自己的销售业绩，以及需要做出哪些改变才能提高收入。

所有的企业，无论大小，都要依赖创收才能生存。一旦实现了创收，企业需要对收入进行明智地分配，同时也要为进一步实现收入的提高储蓄一部分资金。所以每个企业的首要任务是实现创收。

在本书的前十四章，我们重点论述了如何厘清思路以及如何提高个人的工作效率，这是公司取得成功和业务实现盈利的两大关键要素。在此基础上，本书的第十五章到第二十一章将重点论述如何壮大公司、扩展业务。首先让我们从如何提高销售额说起。

涡轮给发动机增压的七种方法

任何企业若想发展壮大，首先必须不断寻找为其发动机增压的方法。也就是说，你必须制订战略确保公司能创造更高水平的销售业绩，与此同时能确保将增长的收入转化为更多的现金流和更大的利润。

从本质上讲，增加收入的方法有七种。掌握七种中的任何一种都会显著提高公司的收入。如果能够同时掌握这七种方法，收入会实现指数级增长。

方法 1：提高销售额。增加收入首要的、最有效的方法就是提高销售额。值得一提的是，扩大客户群是实现这一目标最有效的方法之一。

如果你经营一家餐厅，如何吸引更多的顾客？如果你的企业向原始设备制造商供应零件，采取哪种策略可以将自己的产品销售给更多的设备制造商？如果你经营一家印刷店，你可以采取哪些措施来吸引更多的客户？

你可以采取哪些不同的策略来吸引更多的客户？

方法 2：提高现有客户的购买频率。除了扩大客户群之外，还可以通过提高与现有客户的交易频率实现销售额的增加。鉴于获取客户的成本如此高昂，一旦开发了一个客户，就要想方设法在某一既定的时间段内增加与该客户交易的频率。这样做不仅能够提高销售收入，还将获得更多利润。

在参加我们的培训项目的客户中，有一位客户经营着一家小型的蜡烛制造厂。她的工厂虽然盈利状况较好，但收入始终维持在 100 万美元的平台期，一直无法将收入提升到一个新的水平。她最主要的客户群体是家庭主妇，所销售的策略则侧重在特殊的时期销售蜡烛。在参加了有关如何增加收入的培训课程后，她意识到由于自己的眼界狭隘，她已经错过了许多良机。

因此，她下定决心，决定针对自己现有的 10000 名客户进行针对性的营销活动，旨在增加每位现有客户购买蜡烛的次数。除了抓住某些假期的销售机会外，她还将促销活动延伸至一些个人的特殊时刻，例如生日、婚礼、周年纪念和与伴侣的浪漫之夜等。在接下来的一年里，虽然她的客户群仅增加了 5%，但总收入却翻了一番。

如何提高现有客户的购买频率？

方法 3：销售附加产品。除了提高与每位客户的交易频率外，还可以通过向客户销售附加产品来提高销售收入。采取这种方法能够充分利用最初的客户获取成本，从现有的客户群中增加收入。

问问自己，“购买我的产品或服务的人还会有兴趣购买什么附加的产品？”正在洗车的男士可能对座套、收纳用品或空气清新剂等汽车配件感兴趣。购买新鞋的女士可能会想再买一个与新鞋搭配的包来装点自己的衣橱。登机前拿起杂志的旅客可能有兴趣购买一副老花镜。

以这位经营蜡烛制造厂的客户为例，她是否可以通过在基本的蜡烛产品中添加烛台或售卖不同香味的蜡烛来进一步扩大自己的业务？

你是否有机会向现有客户销售附加产品?

方法 4：提升每笔交易的成交额。提升从每位客户身上获得的平均收入，从而提升交易的成交额。如果那位经营蜡烛制造厂的客户能增加每笔交易中售出的蜡烛的数量，势必会显著提升整体的销售收入。

一家小型的百货商店可以通过销售更昂贵的服装、买两套西装打折、买两套西装赠送衬衫或领带等方式提高每笔订单的成交额。餐厅老板可以培训服务员宣传更昂贵的菜肴或更高价的葡萄酒，或者提供免费咖啡和甜点等方式提高每笔交易的金额。

你将如何提高自己每笔交易的金额?

方法 5：提高产品价格。也许提高销售收入最简单的方法是提高产品或服务的价格。那么问题就变成了，你如何向客户证明产品价格的提高是合理的?

答案很简单，你必须提高产品的感知价值。请记住，竞争力决定价格。因此，你必须想方设法使自己的产品在客户心目中与竞争对手的产品区分开来。或许，你可以通过升级包装、提高质量或任何其他能够带来经济效益的方法实现提高价格的目标。

有时，你所采取的营销策略也能决定产品的价格。以德国宝马汽车公司为例。20 世纪 70 年代，该公司从根本上改革了自己的营销策略，将其生产的汽车定位为“终极座驾”。该公司斥资数百万美元举办了一次成功的广告宣传活动，旨在将这种形象根植于消费者的脑海中。随后，该公司就因为对产品的这种新定位提高了产品的价格。

方法 6：多进行利润高的交易。至此，我们已经介绍了四种增加销售总收入的方法。但对任何企业来说，最重要的是现金流和利润。除了通过增加总销售收入来实现这一目标之外，还可以通过提高销售的毛利润来达到同样的目标——提升净销售额。

仔细分析与每位客户的业务往来的利润率，你会发现个体差异较大。一些客户需要的售后服务比其他客户更多，有些客户退货频率更高。此外，每位客户的平均成交金额也不同。因此，某些客户会购买比其他客户更昂贵的产品。这些变量都会影响每次销售的利润率。

此外，还要确定每种产品的利润率。如果销售多种产品，你会发现有些产品比其他产品的利润更大。或许是因为根据目前的定价，这些产品利润更高，又或许是由于有些产品周转速度较慢且储存时又会消耗一定的资金。通过专注销售利润最高的产品，可以显著提高每笔销售的利润率。

你是否了解每位客户和每种产品的利润率？这一信息对于你日后提高自己的净收入十分关键。

方法 7：降低销售成本。前面的章节中我们已经提到，衡量任何企业的财务状况和未来前景的一个重要因素是获客成本。你是否知道自己的获客成本是多少？

审视自己的销售流程。你是直接销售还是通过独立分销商完成销售？如果你需要向销售人员或分销商支付佣金，佣金率是否合理？也就是说，你所支付的佣金是否高到能吸引优秀的销售人员？是否符合当下的实际？你是否为自己的销售团队或独立分销商提供有效的营销资料，例如宣传册、产品目录等？

你的营销成本是多少？你能从广告和宣传成本中获得最大的回报吗？

你是否建立了适当的机制来准确追踪自己的销售成本？如果没有的话，虽然你可能会感觉自己的总销售收入增长较快，但并未提升每笔销售的利润率。

因此，你要不断寻找增加总收入和净收入的方法。请记住，在竞争激烈的环境中，没有停滞不前或维持现状这回事。你必须不断进步，唯一的问题是，你是进步还是倒退？你提升收入和利润的能力将决定你未来的方向。

实践练习

1. 你如何改进自己的产品使其更具吸引力、更畅销?

2. 你可以通过哪些方式改变或提升自己的销售和营销的策略和流程从而提升销售额?

3. 你可能会向现有的客户出售哪些附加的产品或服务?

4. 你如何提高单次交易的数量和金额?

5. 你如何让客户认为产品的涨价是合理的?

6. 你如何提高每笔交易的利润率?

7. 根据本章所述，你打算立即采取哪些行动?

我希望这支球队取得胜利；我沉迷于胜利，沉迷于纪律，沉迷于成就。这就是这个国家的全部意义。

——乔治·史坦布伦纳（George Steinbrenner）

第十六章

客户满意度的四个层次

任何一个人，如果真诚地试着帮助他人，必然也同时帮助了自己，这乃是人生中最优美的补偿之一。

——拉尔夫·沃尔多·艾默生（Ralph Waldo Emerson）

你是否知道顾客满意度分为哪四个层次？

□是　□否

你是否分析过客户对自己的满意度水平，是否探索过提升客户满意度的方法，从而显著提高客户的忠诚度和推荐客户的数量？

□是　□否

本章探讨客户期待与客户满意度之间的关系，

帮助你了解满足客户期待和超越客户期待之间的区别，以及如何取悦客户和让客户感到惊讶。本章结尾的“实践练习”介绍了如何分析和优化满足客户期待的方法，并帮助你重新定位自己的企业或业务，从而在所处的领域内取得重大进步。

如果销售是推动公司发展的引擎（参见第十五章），那么客户满意度就是燃料。满足客户的能力是决定销售收入能否增长和企业能否壮大的关键因素。

对于任何人际关系而言，无论是两个朋友之间、丈夫和妻子之间、父母和孩子之间、领导和员工之间，或者是企业与其客户之间，一方未能满足另一方的期待是破坏这段关系的最大的因素。

你是否有过类似的经历：当你回到家后惊讶地发现自己的另一半不开心，或者被一个心怀不满的员工打了个措手不及，但你却完全不知道导致这些不满的原因是什么？你是否经历过客户对你出其不意的愤怒，但你却不知道问题出在哪里？虽然这不是偶然现象，并且很多人都有过类似的经历，但很少有人意识到，配偶、员工或客户的不满往往源于没有满足他们的某种期待，有时人们甚至未能意识到自己被他人抱有了这样的期待。有时，这种未满足的期待会导致轻微的摩擦。但最坏的情况是，双方可能会结束这段关系。

客户满意度的四个层次

根据客户期待被满足的程度不同，客户满意度水平大体分为四个层次。你能达到的层次越高，客户的忠诚度就越高，你也因此会取得更大的成就。

1. 满足客户期待

满足客户期待是企业能够得以生存的最低要求。这种水平下，客户虽不会产生任何的抱怨，但也只是暂时满意，达不到客户忠诚的程度。如果你的竞争对手能够证明他们不只是可以做到满足客户期待的水平，你的客户将很快成为前客户。而且，如果你未能满足客户的期待，即便这样的情况只出现一次，你的客户也会离开并寻找其他能够满足他们期待的商家。

我们的一位客户分享了如下的经验。

这位客户的家附近有四家干洗店，多年来她只光顾其中的一家。每周会消费两次，早上把家里需要清洗的衣物送去，晚上把洗好的衣物取回家。虽然店家的员工流动较大，但部分员工的态度总是非常热情友善，且衣物当天就能清洗完毕。作为一个工作忙碌的妻子和母亲，是否能够按时将衣物洗好对她来说十分重要。虽然她经常收到其他干洗店的广告传单，洗衣服务价格可能更便宜，但她从来没有想要更换的冲动。但有一次，她结束了一天忙碌的工作后，来到干洗店取回她送洗的衣服，老板解释说今天太忙了，所以她的衣服要到明天才能取。虽然她什么都没说，但在回家的路上路过附近的一个干洗店时，她停了下来，进店询问他们是否有当日洗衣服务。这家店可以提供当日洗衣服务，这就促使她更换了新的干洗店。第二天晚上，她从自己多年来一直光顾的干洗店取走衣服后，再也没有光顾过那家干洗店。多年来，她一直期待就是当日洗衣服务。这家干洗店仅仅因为一次未能满足客户期待，就失去了一位有价值的客户。

你的客户对你有什么期待？你应该对客户的期待了如指掌，并且尽自己的一切努力满足客户的期待。

2. 超出客户期待

若想提高客户满意度水平，则需要超出客户的期待，让客户感到惊喜。如果你能够提供快速、友好的服务，并通过电话回访确保产品或服务一切正常，便可达到超出客户期待的客户满意度水平。产品或服务优于竞争对手的产品或服务也能实现超出客户期待的效果。

另一位客户分享了下面这则故事。小时候，他每周六都与父亲一起去购买甜甜圈，多年来这也成了父子之间的一种仪式。一大早，在全家人醒来之前，他们会开车穿过小镇，买一打（一打指十二个）他们一家人都爱吃的甜甜圈。长大后，他发现虽然他们开车会经过几家甜甜圈店，但他们依然还是多开几英里（1 英里 =1609.34 米）的路程去同一家店购买甜甜圈。他思索了很久，始终不理解父亲为什么坚持这样做。不管你在哪里买甜甜圈，甜甜圈就是甜甜圈。于是，他问父亲为什么不从离家近的商店购买甜甜圈，他的父亲解释说，他最喜欢的那家店有个惯例，每次顾客购买一打，就会额外赠送一个甜甜圈。我们的客户有点害羞地分享说，这种仪式已经传给下一代。他和他的儿子现在依然持续地光顾着那家位于小镇另一边的同一家面包店！

第二层次的客户服务可以使你免于生存之忧，建立一定程度的客户忠诚度，使你比竞争对手更具优势，从而提高自己的盈利能力。客户如果体验了超出自己期待的服务往往会愿意为此买单，商家便可借此提高价格，从而提高利润空间。

想想那些超出自己期待的经历。你对此感觉如何？你对这家公司的态度是什么？你将如何超越客户的期待？

3. 取悦客户

你是否曾经体验过这样的服务，商家不仅超出你的期待，而且还让你觉得非常开心愉悦？如果客户体验到这种水平的服务，会发自内心的开心。不只是满足或是超越了客户的基本需求，而是在情感层面上真正触动了客户。一旦客户享受过这种体验，竞争对手就很难将客户撬走。当你能够取悦客户时，你就是在创立一个卓越的、高利润的企业。

即便无须花费较高的成本，也有许多种方法能够取悦客户。比如，大多数航空公司会将机舱的座位分为头等舱和经济舱。一些乘客愿意甚至很高兴为一点额外的腿部伸展空间和免费的鸡尾酒支付两倍到三倍的票价。某家航空公司让空乘人员以幽默的方式广播标准的枯燥的通知来取悦乘客。一家为医疗设备和用品领域客户提供服务的律师事务所坚持要求事务所所有律师订阅并阅读医疗行业的领先期刊。这样一来，客户很开心地发现，他们能经常从自己的律师那里收到一篇与他们正在启动的重要项目相关的文章。

取悦客户就是向客户表示你的关心，表明你真正的关心他。客户的脸上带着笑容这就不足为奇了！你越是能够成功地取悦客户，你的事业就会越成功。

4. 让客户惊讶

客户满意度的第四个层次将推动你的公司进入飞速发展的阶段。这种水平的客户满意度要求你不仅要满足或超出客户的期待，也不只是简单地取悦客户，而是要真正让客户惊讶。如果你能够定期让客户惊讶，便能主导市场并显著提高收入增长率和盈利能力。

我们的一位客户是一位整形外科医生，他经常让自己的客户感到惊讶。他经常为门诊患者做手术，当患者（即客户）到达医院后，会享受到极其周到的服务。首先，一位接受过客户服务培训的工作人员会将患者带到一间非常舒适的私人候诊室，并提供一系列最新的读物，比如当天的晨报。通常，患者都是由朋友或家人陪同来医院就诊的，医院也会以同样友好的方式对待陪同的家属和朋友。接下来，一名护士进来解答患者所有的问题或担心。在患者接受手术时，医院会给陪同的家属或朋友提供果汁、咖啡、茶和糕点。在出院后的几个小时内，患者会接到医生办公室的护士打来的电话，询问患者的情况以及是否有任何需要。根据手术性质的不同，手术后的两天到一周内，患者每天都会接到一个类似的电话。手术十天后，患者会收到一张由手术医生亲笔签名的卡片。

你是否经历过类似的就医体验？你认为这位医生是否真正让他的客户感到惊讶？如果患者在未来还需要继续做同类手术，你认为这些患者会咨询谁？如果患者的朋友也有这方面的需要，你认为她会推荐哪位医生呢？

审视自己的公司。你如何让自己的客户感到惊讶？没有做不到，只有想不到。

显然，企业壮大的关键是增加收入、提高利润率，这些都有赖于不断提高客户对公司的产品和服务的满意度。至少确保自己能够满足客户的期待，最好是能超出客户的期待。如果你想要将企业做大做强，便要竭尽所能地寻找到取悦客户的方法。如果你的目标是在所处的领域中占据领先地位并主导市场，则需要不断探索让客户惊讶的方法。这都会带来客户最大的忠诚度和大量的推荐客户。我们将在下一章更深入地探讨推荐客户这个主题。

实践练习

1. 客户在购买你的产品或服务时有什么期待？

2. 你是否能够持续满足客户的这些期待？

3. 如果你无法持续满足客户的这些期待，你将采取哪些措施确保自己能够满足客户的期待？

4. 你如何超出客户的期待？

5. 你如何取悦客户？

6. 你如何让客户惊讶？

7. 根据本章所述，你打算立即采取哪些行动？

> 20 年建立起来的名声可以只在 5 分钟内毁于一旦。
>
> ——沃伦·巴菲特（Warren Buffett）

第十七章

通过客户的推荐壮大公司业务

只有敢想敢做、不向环境屈服的人，才能创造辉煌的业绩。

——布鲁斯·巴顿（Bruce Barton）

你是否制订了合理的策略来为自己的企业或业务建立一条“黄金推荐链”？

□是　□否

你是否反思过自己在开发和维持客户、满足客户需求、口碑监控、寻求客户推荐和答谢客户方面的做法?

□是　□否

本章探讨为企业和业务构建黄金推荐链的策略和方法，并探讨如何通过客户的推荐开发有助于壮大企业或业务的客户。此外，本章将帮助你了解开发和维持新客户、提供客户服务、形成良好口碑、寻求客户的推荐和答谢客户的方法如何显著影响企业或业务的销售和营销工作。本章结尾处的“实践练习”重点关注通过询问哪些关键问题能为赢得客户的推荐奠定基础。

你在客户满意度量表上的得分越高，表明你取得的成就越大。每个企业的目标都是达到客户满意度的第四个层次，即能够不断让客户惊讶。

为什么？答案很简单，高管或企业家的工作之一就是开发和维持客户。最高层次的客户满意度能够保证企业持续地开发和维持客户。

如今的商业竞争越来越激烈，获客成本（即为开发新客户而付出的成本）飞速提升，销售和营销的成本也高居不下，寻找潜在客户和电话营销也会消耗大量的时间成本。因此，现有满意客户推荐的客户对于所有企业而言，都是值得珍惜的宝藏。

销售过程中最大的困难是赢得潜在客户的信任。如果潜在客户信任的人将其推荐给你，切勿辜负这种信任。这种情况下，你有很大的机会赢得潜在客户的信任，也很有可能更快完成销售流程，因为取得客户信任的阶段较为轻松的话，所收到的反对意见也少很多。在展示完产品后，会很容易达成交易。事实上，一个信任你的客户的推荐能促成交易的概率是电话推销的十五倍。

为了占据巨大的竞争优势、助力企业发展壮大，企业应当制订出一系列全面的能建立“黄金推荐链”的策略。此外，企业应该树立目标，摒弃通过电话推销开发客户的习惯，只通过客户的推荐完成销售。

客户推荐的主要来源是现有的客户群，尤其是那些对你的产品或服务感到高兴或惊喜的客户，因为这些客户的客户满意度水平最高。

维持客户

上文中提到，客户推荐比电话推销更容易促成交易。同理，满意客户的成交概率是新客户的十倍。另外，一项研究表明，90% 的不满意客户不会和令自己不满意的公司再次交易。

换句话说，维持现有客户会带来真正的、切实的利润。

“高兴”或“惊讶”的客户不仅能带来许多其他客户，也极有可能成为重复购买的客户。如果客户对你、你的公司、员工以及你的产品或服务抱有这样的满意度，很少会转向其他商家。从心理学角度来说，人类倾向于享乐而摆脱痛苦。满意的客户已经体验到与你和你的公司打交道的乐趣。转而与你的竞争对手交易可能会有经历痛苦的风险，因为这种变化可能会涉及众多未知的因素。竞争对手的产品会像你的产品一样有效吗？竞争对手的产品是否同样可靠？竞争对手能否提供同样可靠的售后服务？

客户是否会像喜欢与你和你的团队打交道那样，喜欢与竞争对手及其员工打交道?

桥牌玩家之间流传着这样一则定理“有疑问时，拒绝接受”。这一原则也在支配着客户的行为。当他们对你的产品和服务非常满意时，为什么要冒险转向别的商家?在大多数情况下，即使你的竞争对手有充足的理由说服这些客户，这些满意度较高的客户也会拒绝和他们交易。他们会一直忠诚于你，重复地向你购买产品。这就是你的目标。

客户服务：客户满意度的关键

显然，你必须尽一切努力确保获得尽可能高水平的客户满意度。在第十六章中，我们着重论述了如何制订策略，使客户满意度从“仅仅满足或超出客户期待”到“取悦客户甚至令客户惊讶”。因此，你要定期反思和修订这些策略。当下有效的策略明天可能会过时或被竞争对手复制。因此，你必须不断地反思并经常修订这些策略。

客户服务是保证客户满意度、吸引和维持客户的关键。事实上，当顾客说“是”时，销售流程才开始。

在销售结束后，顾客往往会经历一段情绪低落期。通常情况下，客户的情绪在成交时会达到“高点”，因为客户期待享受你的产品所带来的某种好处。然而，很快，他可能会因为各种原因开始质疑自己的决定，比如想到是否有更便宜的商家，或许怀疑产品能否满足自己的期待，或者怀疑自己是否真的需要这个产品，等等。你要认识到，诸如此类的“买主的懊悔”是正常的、可以预见的现象，但你要尽一切努力让客户度过这个阶段。

有一种方法可以用以消除客户因为购买你的产品所抱有的任何挥之不去的疑虑，那就是在交易结束后依然对他的需求做出及时的反应。

成交后向客户发送简短的感谢短信。甚至在销售过程中的每次通话之后，立即向客户发送简短的感谢短信也有助于促成交易。

成交后，可以采取电话回访的方式询问客户对产品的体验。这样也能向客户释放一个强烈的信号，表明你关心的不仅仅是能否成交，而是客户本身。

如果收到客户来电提出问题或疑虑，应迅速回复。这将在客户心中强化你尽职尽责的形象，表明你希望他能够从产品中获得完全满意的体验。

你对客户服务的全身心的投入对于提升客户满意度和客户忠诚度有着至关重要的作用。这是开发回头客的第一步，也将为建立有效的推荐客户机制奠定基础。

口碑的力量

企业未来能够成功最主要的决定因素之一是口碑宣传，但鲜有人能意识到这一点。伊万·米斯尼尔（Ivan Misner）在他的《世界上最著名的营销秘密》（*The World's Best Known Marketing Secret*）一书中将其称为“口碑因素”。

上文中，我们提到有一研究表明，90% 的不满意客户不会和未能满足自己期待的公司再次交易。这一研究还指出，平均而言，每个不满意的客户都会与至少 9 个人分享他的不满。一家独立市场调研公司进行的一项类似的研究发现，这 9 个人中的每一个都可能将此再传播给另外 5 个人。这意味着一个心怀不满的客户会将自己的不满传播给其他 45 个人，并影响这些人的想法。

哪家公司能承受这样的负面宣传？然而，如果没有细致周到的客户服务机制和强大的执行力，这样的负面宣传很有可能发生。

打造“黄金推荐链”

人们常常认为，上述口碑的例子反过来也同样适用，即一个满意的客户会与他的 9 个朋友、亲戚和同事分享他的“喜悦”或“惊讶”，而这些人又会将这个好的口碑分别传递给另外5个人。不幸的是，研究表明事实并非如此。在他的《口碑营销》(*Word-of-Mouth Marketing*)中，杰里·威尔逊(Jerry Wilson)指出，愿意对你、你的公司、你的产品的体验进行正面传播的客户数量是分享负面评价的客户数量的十分之一。

换句话说，虽然出色的客户服务对于减少甚至消除负面口碑至关重要，但无法通过正面的口碑来吸引大批被推荐的客户。建立满意、忠诚的客户群仅仅是第一步，想要吸引被推荐的客户远不止于此。此外，还必须制订一个可行的方案。

寻求客户推荐

推荐客户不会偶然出现。你是否曾经接过电话并听到电话另一端的人说："你好！我是雪莉。我的一个朋友是你的客户，她建议我给你打电话，关于……(你的产品)。你是否愿意和我会面？"这当然是非常幸运地获得客户的方式，但现实中却很少发生。被动地等待客户打来电话是一种非常糟糕的营销策略。

如果你想建立客户推荐的渠道，必须通过自己的努力。这意味着你必须主动寻求客户推荐。没错，主动寻求推荐客户。

最有效的客户推荐源于现有的客户或潜在客户。

成交前寻求客户推荐

在快要成交的时候，你可以试着对新的潜在客户说："虽然我相信您一定会认为我们的产品正是您所需要的，我也明白我们的产品并不一定适合所有人。但如果您觉得我们的产品很有吸引力，即使您目前不需要我的产品，您愿意把我推荐给您认识的需要这种产品的人吗？"鉴于你已经与潜在客户建立了信任，他很有可能会同意你的要求。

如果客户推荐的人并没有购买产品，可以再次请求客户推荐更多潜在客户，询问他们的联系信息。即便客户只推荐了一位潜在客户，也请毫不犹豫地说："非常感谢。我向您保证，我会对您的朋友报以对您一样的尊重和关心。您还能推荐一些客户给我吗？"在成交前始终试着要到两三个被推荐的客户的信息后再离开。

通过这种方式，即便无法成交，也能赢得新的机会。

成交后寻求客户推荐

上文中我们已经谈到，客户的情绪在成交时会达到"高点"，因而此时也是寻求客户推荐的最佳时机。

在会面即将结束时，你可以说："谢谢您的订单。我相信您一定会对我们的新产品或服务感到满意的。冒昧地问一下，您是否可以向我们推荐一些可能需要这些产品或服务的客户呢？"当他说出名字时，你要用“太好了！谢谢！”回应他。“能麻烦您告诉我他的电话号码吗？”如果他给你推荐多个客户，你可以继续问他：“您认为我应该先联系哪一位比较好呢？”

这样一来，你的新客户会越来越多地参与到这个销售的过程中，并在潜意识中越来越乐意帮助你。这时，你可以继续问另一个问题：“如果您能打电话先介绍一下我是不是会更好一些呢？这样他可能就不会挂断我的电话了。您愿意帮我一把吗？”如果他当时拿起电话立刻向别人介绍你，你也无须感到惊讶。

再次重申，你的目标应该是成交后拿到两三个被推荐客户的信息后再离开。

要求满意客户推荐客户

如果你能够为客户提供良好的售后服务，便有可能赢得一位满意客户，这位客户有可能再次回购，也很有可能向你推荐优质客户。

联系你的满意客户，询问他是否满意所购买的产品或服务以及是否有需要你帮忙的地方，以此来开启彼此之间的对话。如果他提出要求，就把这次通话视为一通客户服务电话。如果客户未提出要求，请对他说："我很高兴您喜欢新买的产品或服务。您能向我推荐一些其他和您一样喜欢使用这些产品和服务的人吗？"

满意度较高的客户对于企业的好处在于他们总是希望自己的亲戚、朋友和同事也能享受到与他们相同的体验。想一想你最近一次欣赏自己喜欢的电影时，是不是想马上告诉你生活中最亲近的人，希望他也能欣赏到这部电影？或者回忆一下某家餐厅的美味食物和服务质量令你感到高兴甚至惊讶时，你是不是想把这家餐厅推荐给别人？

毫无疑问，满意度较高的客户的推荐是获得客户更好的渠道。但是，与一部好电影或一家美味的新餐厅不同的是，你无法指望满意度较高的客户能够立刻拿起电话给朋友或同事打电话推荐你的产品或服务。因此，需要由你来发起推荐客户的过程。即使客户将你推荐给其他人，此人主动与你取得联系的可能性也很小，也需要你主动联系被推荐的潜在客户。综上所述，你必须主动寻求客户推荐。

后续行动

在寻求并获取了客户信息之后，必须采取后续的行动跟进被推荐的客户。

向推荐人发送感谢信

在获得客户推荐后的一天内，便需要给推荐人写一封简短的感谢信，感谢他的推荐，并再次向他保证你会尊重他的朋友。这不仅是巩固彼此关系的重要环节，该客户还有可能在未来多次向你重复购买产品并向你推荐更多的客户。

向推荐人反馈

跟进被推荐的客户后，请务必致电推荐人向其反馈目前的情况。再次感谢他的推荐，自己才能获得新的客户。请记住，推荐人是对新客户有重要意义的人，因此他自然会对交易的进展感兴趣。

这样的做法不仅能够显示礼貌，还能带来更多的益处。首先，如果你能成功地向客户的朋友出售产品，如果你再询问他是否可以推荐一些可以联系的人时，他会十分乐意。其次，即便你没有和他的朋友成交，推荐人也可能会联系他的朋友，找出原因并重申他对你的产品的体验很满意。无论是哪种情况，你都能从中获利。

向推荐人寄送礼物

表达感激之情并加强与客户关系的另一种方法是，在你与他推荐的客户成交后，向推荐人寄送礼物。请注意思考，礼物的价值应该与成交额的多少成比例。

温馨提示，无论你的礼物大小和价值如何，请确保礼物的质量一定要好，因为礼物将直接反映你的诚意和品位。

几年前，我们受到过一次教训。有一次，我们的礼物在送出的几天后就被退了回来。随附的手写便条解释说，食物质量低劣，无法与同事分享。她亲切地感谢了我们的好意，也解释说她相信我们一定想知道我们的钱究竟买到的是什么礼品，所以才将礼品寄回。当我们检查包裹时，我们感到十分震惊。篮子装饰得很漂亮，但里面装的是各种廉价的饼干、一些坚果和几个不新鲜的苹果。我们给她的礼物被退回，反而成了送给自己的“礼物”。此后，我们开始寻找新的供应商合作，找到了一家名为 Harry & David 的公司，该公司和我们公司一样，都会严格监控产品的质量。虽然他们的包装也很吸引人，但他们更重视水果的新鲜度、坚果的质量，以及饼干的口味。自从更换了供应商，我们收到了许多客户的电话和卡片，他们非常满意，感谢我们的慷慨大方。

让自己值得被推荐

上文中，我们已经介绍了几种久经考验的建立客户推荐渠道的策略。所有这些策略能够发挥协同效力的基础就是你本人。归根结底，你的性格、追求卓越的执着，以及对客户真正的关心将决定客户推荐的潜在客户的数量和质量。每天，都要反思自己："如果我的家人，我最亲密的朋友，我最尊敬的同事需要购买某种产品，我会把自己推荐给他们吗？"如果答案是肯定的，则证明你值得被推荐。如果不是，就要下定决心加倍努力成为那样的人。你会因此而更快乐，也会因为建立了一个强大的客户推荐渠道而获得空前的成功。

因此，你要千方百计地打造一条"黄金推荐链"。

用尽所有可能的策略把客户转化为你、你的公司、你的服务和产品的拥护者。这是你能设计出的最明智和最具成本效益的营销策略。

实践练习

1. 为什么有人会选择把你推荐给他最重要的人?

2. 为什么有人会选择把你的公司推荐给他最重要的人?

3. 为什么你的客户会选择将你的产品或服务推荐给他们最重要的人?

4. 列出你认为自己能够“取悦”的客户名单，他们是最有可能向你推荐客户的人。

5. 列出你认为自己令其“感到惊讶”的客户名单，他们也是最有可能向你推荐客户的人。

6. 制订策略以确保能从现有客户群中获得尽可能多的优质的潜在客户。

7. 根据本章所述，你打算立即采取哪些行动?

光有知识是不够的，还应当运用知识。光有愿望是不够的，我们必须付诸行动。

——歌德

第十八章 制订营销计划

不屈不挠的精神胜过使用暴力。当许多无法克服的事情同时发生时，利用各个击破的方式将它们解决。

——普鲁塔克（Plutarch）

你是否对自己的公司或业务的产品、价格、人员和推广方案有全面的了解?

□是　□否

你的公司或业务所制订的营销计划是否在产品、价格、人员和推广方案上投入了适当的关注力和精力?

□是　□否

本章重点论述营销计划的前四个要素，即产品、价格、人员和推广，并介绍如何分析你的公司或业务的这些关键要素，从而在营销投资中获得最大的回报。本章结尾处的“实践练习”将帮助你详细分析这四大要素以及采取哪些行动才能利用这四大要素获得最大的竞争优势。

没有潜在客户，就不可能达成交易。精心策划的营销计划才能吸引潜在客户，因此，在设计营销计划时，需要考虑以下七个基本要素：

1. 产品

2. 价格

3. 人员

4. 推广

5. 包装

6. 定位

7. 渠道

任何行业、任何企业设计营销计划时，都要充分考虑这七大要素。此外，这七大要素彼此之间也是相互关联的。任何一个要素的改变都可能极大地改变公司或业务的销售额和盈利能力。

在本章中，我们将重点介绍前四个营销要素。在下一章中，我们将着重论述最后三个营销要素。

产品

在制订营销计划时，首先必须对你的产品（或服务）有清楚透彻的了解。你到底在销售什么产品？

许多企业常犯的一个错误就是：用产品本身来定义产品。比如，“我们制造复印设备”“我们主营电脑及相关产品”“我们提供广泛的法律服务”“我们销售女装”，等等。但客户不会因为你销售某种产品而决定购买你的产品。相反，他们想要知道你的产品能够如何为他们服务。因此，客户首先要有感觉性需求。其次，他们必须确信你的产品能够比竞争对手的产品更容易、更经济实惠地满足他的这一需求。

问自己这个问题：“我的产品能满足客户的什么

需求？”换种说法，你也可以这么问，“我的产品能解决客户的什么问题？”或“我的产品能消除客户的什么烦恼？”

例如，专门经营女装的零售店可以这样对其产品下定义：“我们通过为女性搭配最完美的服装来帮助她们呈现自己的最佳状态。”或者“我们通过帮助女性选择理想的职业套装助力女性事业腾飞。”“我们为新娘设计最适合她们的婚纱礼服，帮助新娘在婚礼当天呈现最美的状态。”

因此，着眼于产品能够为消费者带来的好处，从这一角度定义自己的产品。不论是设计最精美的产品，还是提供最体贴周到的服务，都只有在满足客户的需求时才能卖出去。

价格

营销策略的第二大要素就是价格。

你的产品价格是多少？你是如何得出这个价格

的？你的价格与市场上其他产品的价格相比是否具有竞争力？

你的产品价格是否有议价空间？换句话说，在不影响销售能力的情况下，产品有多少提价或降价的空间？

除了产品的价格外，还要重点关注自己的收款方式。是否接受信用卡付款？这一点对自己的潜在客户是否重要？是否接受个人支票付款？如果由你负责运送产品，是提前预付货款，还是货到付款？是否收取运费？是否收取手续费？是否将运输环节作为获取利润的中心环节？

你必须在市场环境中仔细考虑以上问题。请记住，决定价格的最主要的因素是产品或服务的竞争力。因此，你需要回顾自己在第三章中做过的竞争力分析并仔细分析竞争对手的定价模型，从而确保自己的产品价格具有竞争力。

人员

营销策略的第三大要素是人员，包括参与销售过程的所有人。

首先，研究你的客户，创建现有客户群的档案。如果你刚开始创业，目前还没有客户，你可以为竞争对手的客户建立档案，包括客户的年龄范围、性别、工作、财务状况、购买力等。他们阅读什么样的书？他们最有可能去哪里购物？他们可能会加入哪些俱乐部或组织？他们可能从事什么样的工作或职业？他们还有哪些其他特征或习惯可能与你的营销计划有关？

下一步，为自己的理想客户画像。利用创建现有客户档案时使用的相关参数详细描述自己的理想客户。这些信息的宝贵之处在于能告诉你如何最快地联系到理想客户，并将其转化为真正的客户。

接下来，审视自己的销售人员。或许你自己就是销售人员，又或许你拥有一支内部的销售团队，或者你是通过独立销售代表完成销售的。重要的是，与潜在客户打交道的销售人员必须是适合向已建档的客户销售产品的，否则销售人员很难与这些潜在客户建立信任关系，这是销售过程中最重要的一环。比如，一方面，在高档男装店里，大部分销售人员都是女性；而另一方面，男士很少在女装店从事销售工作。但在重型设备行业，男性却是销售人员的主力军。你或你的销售人员是否适合向你的理想客户销售产品？

最后，审视自己的客户服务人员。这些人是否适合目前的岗位？他们是否拥有从事客户服务工作应该具备的态度和技能？与销售人员一样，他们是否非常适合与你所定义的理想客户打交道？

因此，你要花时间研究自己的客户并确保自己在销售和客户服务的关键职位上选用了最适合的人员，这将在你实施营销计划的过程中为你和你的企业带来巨大的好处。

推广

营销策略的第四大要素是推广。在对产品、价格和人员有了清晰的了解后，则需要重点关注如何推广产品。

传统广告是最常见的一种推广方式。用传统广告进行推广需要从成本效益的角度深入分析。虽然广告成本可能较高，但它是提高产品知名度非常有效的方式。因此，选择最合适的广告投放媒介至关重要。

最古老的广告媒介是印刷品。你的理想客户是不是更有可能在报纸、贸易期刊或互联网上看到你投放的广告？确保有了好的文案、找到有经验的媒介后再制作广告。这一点很重要，因为编写网页文案的规则与编写印刷品广告文案的规则截然不同。

在广播甚至电视上投放广告也有一定的好处。如果你选择在广播媒体上投放广告，最重要的是要选择一天和一周中的最佳时段。你所选择的投放广告的广播节目类型必须与理想客户相匹配。与在纸媒上做广告一样，都需要聘请专业人士制作广告。

你是否考虑过在互联网上营销自己的产品？再次重申，如果你的确考虑过，请与了解如何优化在线媒体营销信息的专家合作，而不是传统媒体合作。

在某些情况下，精心设计且定位精准的直邮营销也是非常有效的营销方式。

为了避免自己盲目的决定导致采用了既昂贵又无效的营销策略，有必要花时间充分了解自己的产品、价格、人员和推广计划。前期投入于此的时间和精力可以为你节省较大的营销成本，也能为后期制订合理的营销策略奠定良好的基础，更能为企业的发展壮大探索出一种最具成本效益的模式。

实践练习

产品

1. 描述你的主要产品或服务。

2. 描述你的产品或服务的作用，它能满足什么样的需求，能减轻什么样的痛苦，能为客户带来哪些好处。

3. 你将如何提升自己的产品或服务使其更好地满足客户的需求？

价格

1. 你的产品或服务的价格是多少？

2. 是否有任何的折扣？

3. 竞争产品是如何定价的？

4. 你接受哪些付款方式（比如，现金、支票、信用卡）？

5. 如果需要运送产品，你的运送和计费方式是什么？

6. 你的定价模式与主要竞争对手的定价模式最主要的区别是什么？

7. 你将如何改变自己的定价模式从而提高产品的竞争力？

人员

1. 详细描述你的现有客户的特征。

2. 详细描述你的理想客户的特征。

3. 你的销售代表和客户服务人员在哪些方面能够与你的理想客户相处融洽?

4. 你的销售代表和客户服务人员在哪些方面无法与你的理想客户相处融洽?

5. 为了更好地向客户销售你的产品和服务，你可能会对自己的销售代表和客户服务人员做出哪些调整?

推广

1. 你主要采取哪种方式推广自己的产品或服务?

2. 你将如何以不同的方式推广自己的产品，使其在市场上更具竞争力?

行动

根据本章所述，你打算立即采取哪些行动?

以客户为中心是营销成功的关键。

——佚名

第十九章

完善营销计划

在营销的世界里，洞察力就是一切。

——佚名

你是否对产品的包装、定位、渠道的选择有清楚且即时的了解?

□是　□否

你所在的企业或业务是否投入了适当的精力和资源来确保产品拥有最好的包装、最合适的定位和最适合的销售渠道?

□是　□否

本章主要论述有效的营销计划应当具备的第二

组关键要素，包含包装、定位和销售渠道。营销计划中的这些关键要素能够确保企业的产品或服务拥有最大的曝光率和竞争优势。本章结尾处的“实践练习”将指导你完成制订营销计划的所有步骤，同时确保你的企业能从投入中获得最大的回报。

制订出有效营销计划的关键是能够管理客户的感知。成功的公司不仅注重提高产品的经济价值，还注重提高产品的感知价值。

包装

包装起着至关重要的作用。包装的形式多种多样。

首先，对于实物包装而言，要考虑到产品的颜色、形状、样式以及放置产品的容器。苹果电脑公司一直在电脑包装的设计方面处于领先地位，它的包装看起来既时尚又有现代感。就好像一台苹果电脑一直喊："看我看我。我是最新款、性能最棒的电脑！"苹果电脑的目标客户一般包括平面设计师或建筑师在内的专业人士，这些人往往要求产品拥有极致的用户友好性和创意。因此，超现代的包装恰恰能吸引这样的人群。

其次，产品营销宣传资料的外观也极为重要。如果你经营的是高档服装业务，你一定会希望产品的宣传册和商品目录看起来高档、昂贵。一般情况下，高档服装的宣传册页面以四种颜色为主，纸张多采用光面相纸，内容以穿着最新款时装的模特为主。反之，如果是一家向农民和牧场主销售工作服的连锁店，产品的宣传册则需要传达与高档服装的宣传册完全不同的形象。

最后，个人形象也十分重要。如果你销售的是金融服务，你一定希望自己看上去能给客户一种保守却富裕的感觉，希望展示给客户一个既值得信赖又成功的形象。你的着装、说话方式、开的车等都能够反映你的个人形象。如果你销售的是摩托车、体育用品或园艺设备，则需要传达截然不同的个人形象。你要特别注意自己的个人形象，因为个人形象能向理想的客户传达一条明确的信息："看，你可以相信我。我了解你的需求，也一定能够满足你的需求。"

定位

对于任何营销计划而言，最重要的因素是如何根据竞争对手定位自己和自己的产品。根据你对理想客户的了解，如何最能吸引理想客户？你通过采取什么行动、哪些言语，才能从众多的商业广告中脱颖而出，赢得客户的注意力？对于客户而言，最重要而敏感的问题是什么？你如何才能解决这一问题？

理解以上问题的关键在于你要了解客户为何购买你的产品。客户的感知需求是什么？为什么你的产品最能满足客户的感知需求？当你知道了这些问题的答案，便可根据这些问题的答案定位自己的产品。

如果潜在客户最看重产品的质量，你需要将自己定位为性能最佳、使用寿命最长的产品的供应商。

如果潜在客户最看重产品的交货速度，那就将自己定位为市场上供货最快的商家。

如果潜在客户最看重产品的价格，那么你需要将自己定位为成本最低的供应商。

无论客户的需求是什么，你都需要把自己定位为这一领域的领导者，才能从行业中脱颖而出。

当然，最后，你需要履行承诺，切记客户满意度的四种层次（见第十六章）。激起客户脑海中的期待，若未能或仅能满足客户的期待会付出代价。谨记彼得·德鲁克说过的话："少承诺，多做事。"换句话说，你要确保自己能兑现有关产品定位的所有承诺。

渠道

最后，销售产品的渠道也会极大地影响销售业绩。

多年来，IBM 公司从不在任何零售店出售自己的产品。但在 20 世纪 70 年代末，随着个人电脑市场的接受度不断提高，IBM 公司做出了新的战略决策，开设自己的零售店，专门销售 IBM 的产品，且这些零售店是客户购买 IBM 公司产品的唯一渠道。随着越来越多的店铺开始销售多个品牌的计算机设备和配件，IBM 再次被迫重新评估自己的销售策略。如今，IBM 公司的产品与大多数主要竞争对手的产品会在同一家零售店内竞争出售。

过去，在美国，医生通常都是上门服务。如今，如果你想看医生，都要到医生的诊室就诊。根据患者类型（即客户概况）的不同，诊室的装饰会大不相同。比如，产科医生的诊室一般都配有大量的玩具和儿童书籍，而放射科医生的诊室则装修得较为简朴甚至有点简陋。

如果是经常与大公司打交道的公司法专业的律师，他们的办公室通常位于市中心的高层写字楼里。办公室的装饰一般都比较有品位，装修的花费较高。小型的律师事务所一般位于郊区，办公室的装修也较为简陋。

应尽一切努力确保客户能方便地到达你的办公地点。场所内的布置也应使客户感到舒适，设施应简便易使用，能够吸引客户与你成交。

互联网正迅速成为开展业务不可或缺且日益重要的场所，也是销售额增长最快的营销渠道之一。你的产品是否适合在网上营销？如果适合，你是否已经创建了相关的网站？网站是否经过专业设计？为了吸引你的潜在客户，你是否也像装饰办公室一样煞费苦心地设计了产品网页的外观？你所创建的网站是否具有电子商务功能？是否有专职的员工或聘请外部承包商紧跟电子商务技术的更新，并相应地进行网站的更新？你、员工或外部承包商是否专注于网站的业务而非技术？你是否为网上的销售制订了相应的营销计划？如果你无法跟上电子商务发展的速度，你将面临被赶超的风险，成为行业进步大潮的牺牲品。

在制订和实施营销计划的过程中，请务必仔细考虑营销的最后三大要素：包装、定位和销售地点，并结合第十八章中谈到的产品、价格、人员和推广四大要素，才能制订出有效的营销计划。

实践练习

包装

1. 你可以通过哪些方式改变产品的包装使产品更具吸引力和竞争力？

2. 你如何改变营销宣传材料的外观使产品对理想客户而言更具吸引力和影响力？

3. 你会如何改变个人形象或员工的形象，从而给理想客户留下更好的印象？

定位

1. 你的理想客户的主要需求或关注点是什么？

2. 你如何定位自己的产品才能满足理想客户的需求或关注?

3. 你能否兑现产品策略中做出的承诺?

4. 如果目前无法兑现自己的承诺，你将采取哪些措施确保自己“少承诺，多做事”?

渠道

1. 你的产品在哪里销售?

2. 你会如何改变你的销售地点使产品变得更具竞争力?

3. 你会如何改变经营场所的装饰使产品变得更具竞争力?

4. 你将如何改变自己的互联网营销策略从而提高产品的竞争力?

行动

根据本章所述，你打算立即采取哪些行动?

> 想赢固然重要，但获胜的意志才是关键。
>
> ——乔·帕特诺（Joe Paterno）

第二十章

打造个人品牌

一流的卡车司机比最低级的决策人员更有荣誉和满足感。

——贝蒂·查尔斯·福布斯（Bertie Charles Forbes）

你是否有意识地打造自己的个人品牌，该品牌是否能准确地体现你的个人形象或努力想成为的形象？

□是　□否

你的个人品牌是否能体现你做出的承诺（你所塑造的形象）和坚守的承诺？

□是　□否

本章主要探讨个人品牌对职业发展或业务扩展的积极作用。此外，本章旨在使你认识到你所做出的承诺和信守的承诺如何为你和你的企业或业务带来巨大利益。打造个人品牌的七大原则能引导你凝聚职业生涯各方面的力量，向同事和客户奉献出你真正的价值。本章结尾处的“实践练习”将帮助你分析个人品牌所包含的要素，以及如何组合各种要素从而发挥品牌最大的影响力。

建立知名的企业品牌是使产品在市场上脱颖而出的关键，基于此才能打造成功的企业。同理，打造知名的个人品牌也是使自己从竞争对手中脱颖而出的关键，进而确保自己的成功、业务的成功。个人品牌决定了客户对你的态度、是否愿意听你介绍产品、是否向你购买产品、购买多少产品、愿意支付多少钱，等等。

你可能会惊讶地发现你才是自己最重要的产品。但事实是你早已塑造了自己的个人品牌。你也许会认为个人品牌是自己的形象或声誉，但个人品牌其实是客户对你的看法，是客户对你的价值观、品德、品质和属性的看法。因为你已经建立了个人品牌形象，所以问题的关键不是是否应该打造个人品牌形象。相反，问题在于你是选择有意识地创建自己的个人品牌，还是只是顺其自然。

如果你正在经营一家小型企业，你的个人品牌和公司的品牌对你事业的成功都有很大的影响。因此，你应该仔细思考希望客户如何看待你，然后确保自己的所有言行都与你所塑造的形象一致。

创建和建立个人品牌

个人品牌包含两个要素，你做出的承诺（即你所塑造的形象）和信守的承诺（即你的声誉）。

做出的承诺

打造个人品牌即是做出一个承诺："如果客户从我这里购买产品，将会获得特定价值的回报。"这种承诺的价值将从你被他人认可的价值、美德、品质和属性中产生。例如，你可能想要建立一个非常诚实守信、言出必行、模范领导者、加倍努力使客户满意的个人形象（品牌形象）。

精准地打造个人品牌需要体现以下两个因素。首先，个人品牌需要准确描述出你是什么样的人，或者你努力想成为什么样的人。其次，个人品牌塑造出的形象能够引起潜在客户的强烈反响："我想和这个女士或男士做生意。"换句话说，你的个人品牌应该减少或消除买家在与你打交道时的所有顾虑和担忧。

谁是你的理想客户？客户会期待从产品的供应商那里获得哪些价值、品德、品质和属性？你是否能满足客户的期待？如果不能，你是否有成为这种人的强烈愿望？你有决心把自己变成这样的人吗？这些是你在开始打造个人品牌时必须问自己的几个关键问题。

真诚地面对自己。在任何关系中，伪装自己注定会导致失败。无论是个人关系还是工作关系，真诚是建立信任的关键。

信守的承诺

正如我们在培训项目中一直强调的那样，未满足的期待是任何关系的大敌。你和客户之间的关系也是如此。你的个人品牌很大程度上取决于你是否始终如一地履行自己的承诺。你是否信守诺言，是否回访了客户？你的言行是否与你想要塑造的形象一致？换句话说，你的言行是否与你对外宣称的自己的价值、品德、品质和属性一致？

不断地反思自己的行为。稍有差池，要立刻重新回到正轨。为了打造和维持良好的个人品牌，你所传递的信息必须是你本人的真实写照。

包装个人的整体形象

注重自己的整体形象。虽然性格很重要，但是你的各个方面都会对客户产生影响。

你的外表，包括你的穿着、个人打扮、体态，都会对他人如何看待你、如何看待你的看法以及如何与你相处产生巨大的情感影响。

你的态度也至关重要。如果你能真诚快乐地与他人相处，他人也会喜欢和你相处，也会更容易信任你，与你做生意。

你的行为也会强烈影响他人对你的印象。准时参加会议和约会，始终信守诺言和承诺才能赢得他人的信赖。如果你无法信守诺言，要尽快与对方沟通，向对方道歉和解释，并保证不会再发生类似的情况。积极响应客户的需求，尽快回复客户，培养紧迫感，做一个时刻都能“立即行动”的行动派。

尤其注重自己工作的质量。从长远来看，没有什么比在很长一段时间内一次又一次地高质量完成工作更能帮助你打造和维持良好的个人品牌。

如果你想壮大自己的企业，并将企业盈利能力提升到更高的水平，你必须掌握以下七条打造个人品牌的原则。

第二十章 打造个人品牌

打造个人品牌的七项条原则

1. 专门化原则。打造个人品牌时，专注于自己工作中取得了一定成就的某一特定领域。避免分散自己的注意力，不要妄图面面俱到，要选择一个自己擅长的行业、产品、服务或技能。

2. 领导力原则。成为你所在领域中最渊博、能力最出众、最受人尊敬的人之一，在你所从事的行业中做到最好，不断努力变得更加出众。

3. 性格原则。你的个人品牌必须能够展现自己的性格。个人品牌最重要的是让他人认为你是一个友善且值得信赖的人。因此，你要始终保持愉快、积极向上、开朗的状态。无论在什么情况下，都要善待每一个人，说到做到。确保你的客户喜欢与你打交道，让客户意识到他们可以依赖你。

4. 独特性原则。一旦创建了自己的个人品牌，就必须以独特的方式阐释它。你所有的言行都必须符合个人的整体形象。有时，一个小小的举动，比如给客户送饼干，都是一种独特的宣传自己的方式。为什么？因为其他人没有这样做。你的目标是让客户认为你是独一无二的，从而才能将自己与其他竞争潜在客户的潜在对手区分开来。

5. 可见性原则。为了强化宣传效果，你的个人品牌必须被他人重复且持续地看到。因此，你必须积极地增强品牌的曝光率。比如，加入自己所在行业的商业协会，参加各种会议，主动介绍自己并分发名片，拜访客户时，主动向办公室的其他人介绍自己。如果能更频繁地呈现品牌的积极形象，个人品牌的影响力就越大。

6. 一致性原则。不论是在公开场合还是在私人场合，你的行为要始终保持一致。你私下所做的一切行为都应该与在公共场合的行为一致，让客户认为你在公开场合和私下场合的行为是一致的。不论是在公开场合还是私人场合，你都是真实的，不能只是为了给他人留下深刻印象或操纵他人而塑造一个虚假的角色。

7. 坚持原则。一旦建立了个人品牌，就必须维护它。永远不要放弃自己的个人品牌，要耐心等待它的成长。不论遇到任何困难，都要坚持不懈地经营自己的个人品牌，直到它根植在其他人的脑海中。

虽然想要打造良好的、积极的个人品牌需要投入大量的时间和精力，但也能因此带来巨大的回报。人们会因此信任你，也乐意接受你提供的建议和推荐。也会因此更有可能一次又一次地重复购买你的产品，即便你的产品和服务的价格高于竞争对手的产品和服务，他们也很乐意向你推荐客户，更信任你，愿意为你创造其他人无法获得的机会。正面的个人品牌形象也会帮助你赚取更多信誉，让你更容易申请到贷款。

谨记，所有因素都很重要。你所做的一切都会提升或削弱你的个人品牌，你说的每一个字也都会提升或削弱个人品牌的质量。因此，你的责任是确保自己的一言一行与希望别人对你的印象保持一致。这是建立良好的、积极的个人品牌的关键。

今天就下定决心付出努力，你的努力将会得到丰厚的回报。

实践练习

1. 人们会用哪些词语描述你？

2. 你希望人们用哪些词语描述你？

3. 为什么基于你所塑造的形象建立起来的个人品牌会吸引理想客户向你购买产品？

4. 你做出了什么承诺？也就是说，当顾客购买你的产品或服务时期望得到什么价值？

5. 你是否兑现了自己的承诺？

6. 为了与自己的理想形象或个人品牌保持一致，你会对自己的价值观、态度和行为做出哪些改变？

7. 根据本章所述，你打算立即采取哪些行动？

> 没有什么借口能被称得上是好的借口。
>
> ——德洛·艾姆斯·桑德斯（Dero Ames Saunders）

第二十一章
利润最大化

如果你现在投降的话，之前经历的所有痛苦和磨难都会徒劳无功。因此，你必须为胜利而努力奋斗。

——阿尔文·戴（Alvin Day）

在过去的六个月中，你是否评估过自己的企业或业务的盈利能力?

□是　□否

你是否能确定自己的组织或企业在以下六个方面的盈利能力：员工、顾客、销售和营销工作、产品和服务、市场、你自己（根据你的任务和活动来衡量）?

□是　□否

本章揭示如何通过测评这六个关键要素来评估自己的企业或业务的盈利能力。本章结尾处的“实践练习”将帮助你找到盈利链中的薄弱环节，以便采取适当的措施确保自己的企业或业务在各个环节都能创造出最大的利润。

阅读过之前的六个章节后，你已经掌握了各种提高业务销售额的策略。

销售额与利润

销售额只是表明业务成功的其中一项指标。你最终的目标是提高利润，从而从自己投入的金钱、时间和精力中获得最大的回报。

每个客户、每项活动、每种产品或服务都会带来一定的利润。但在某些情况下，你可能在以上三个方面中的一个或多个方面面临亏损。在企业壮大的过程中，你需要做的最重要的事情之一就是根据投资回报情况确定将时间和金钱投入在哪里。

个人的盈利能力

为了分析业务的实际盈利能力，你首先必须分析自己的个人收益率。

从个人的角度来看，自己的主要开支是什么？是你的时间。在本书的第八章到第十四章，我们探讨了如何提高工作效率，也研究了时薪（年收入除以2000）的重要性。到现在为止，你应该已经养成习惯，不断问自己这个基本问题："我会支付我的时薪来聘请他人完成这项任务吗？"如果没有养成这个习惯，就无法从你所投入的时间中获得最大的回报。换句话说，你将时间投资在了收益率低于最佳回报率的领域，你正在面临"机会成本损失"，反过来也会影响业务的整体盈利能力。

将以下这一原则灌输于公司的企业文化中，你的员工也应该像你一样养成"时间回报"思维的习惯。

重申一遍这一原则，专注完成那些你愿意支付自己的时薪（或高于自己的时薪）聘请他人代为完成的任务，并取消其他工作或将其他工作委派出去。

员工的盈利能力

工资是大多数企业最大的支出项目之一。随着企业的发展，企业通常会根据当前最紧迫的需求聘用更多的员工。一旦一个人被公司聘用，即使公司的需求偶尔发生变化，她或他都基本成了公司的固定员工。由于许多企业家忙于生产产品、设计服务和创造收入，从而忽略了对员工表现的关注。因此，随着时间的推移，势必会导致员工的工作效率低下，企业的工资开支负担较大。

从会计学的角度来看，工资只是一项费用。如果将工资视为一项投资，这项投资必须能够产出可接受的回报率，而企业的目标应该是获得最佳的投资回报。什么是可接受的或最佳的投资回报率，如何衡量，这都因行业和公司的规模而异。一般来说，最常见的衡量标准是每位员工应该为公司带来其工资3到6倍的总收入。换句话说，公司的总收入应该是支出的工资总额的3到6倍。如果你经营一家小型企业，也要把自己的工资成本计算其中。尽管你可能不会真的领薪水，但你也构成了企业的工资成本。如果别人从事你的职位，你需要支付多少工资聘请他人来完成你的工作？许多企业家常犯的一个错误是在计算企业盈利能力时忘记将自己的投入算入成本当中。

客户的盈利能力

在前面的章节中，我们提到过，一些客户比其他客户能够带来更大的利润，而有些客户实际上只是在消耗你的成本。你是否知道哪些客户能让自己最赚钱，哪些客户无法为自己带来利润？客户的大小或客户带来的业务量的多少与他的盈利能力之间没有必然的联系。

你可以通过如下几个问题来评估客户的盈利能力：

每位客户平均多久购买一次产品？

平均每次购买的数量有多少？

所购买的产品的利润率是多少？

需要花费多少时间为客户提供售后服务？

每位客户的“退货”情况如何？

与许多其他领域一样，你会发现帕累托定律也同样适用于分析客户的盈利能力，即 20% 的客户能够为你贡献 80% 的利润。只是问题变成了你如何对待利润最低的客户？

许多公司经常“取消”与利润贡献最低的 10% 的客户合作，这些公司之所以决定不再与那些产生最少收入或购买回报率最低的客户做生意，是因为他们想专注服务利润更高的客户并努力吸引更多类似的客户。虽然你不必一定照做，但至少你要努力“铲除”那些会让你面临亏损的客户，不管他们能够带来多少收入。你承担不起这种没有利润的“损失”。

销售和营销的盈利能力

你是否知道销售和营销支出的回报是多少？公司将 25%—35% 的收入用于销售和营销，但有很多公司却不知道这些举措的实际回报是多少。这并不罕见。

我们的一位客户是一家小型印刷厂的老板，他决心在一年内将收入增加 50%。一位营销顾问说服他发起一项可能收效良好但成本较高的直邮活动。果然，在 11 个月内，他的收入增长了 56%。但不幸的是，他的年终财务报表却呈现亏损的状态，这也是他从业十年来第一次面临亏损的状态。虽然他超额完成了自己的销售目标，但完成这一目标的成本超过了提升销售额所能产生的利润。鉴于直邮活动未能带来积极的回报，他立即叫停了这项直邮营销活动。

在采用新的营销计划之前，首先要明确该营销计划会如何影响销售额和利润。营销费用的可接受回报率是多少？最优回报率是多少？如何计算回报率？不要等到营销工作完成才考虑这些问题。应该建立一个监控系统来评估该营销计划在整个实施过程中的效果。

分析自己目前的销售额和营销费用。你是否知道这些投入能带来多少回报？如果不知道，一定要抓紧时间计算出准确的回报率。提升销售额固然是非常重要的目标，但不能以牺牲底线为代价。

产品的盈利能力

正如本章开头所说的那样，每种产品都会带来一定的利润。销售多种产品时，每种产品的利润率都不尽相同。因此，你需要做的最重要的事情之一就是确定每种产品的投资回报率。

马拉松公司（Marathon and Associates）是一家市场咨询公司。许多《财富》（*Fortune*）1000 强的公司都会每年花重金向该公司购买咨询服务，确定每种产品的确切成本。这些公司便能根据每种产品的盈利能力做出具体的产品供应决策，而不只是单一地依靠总收入这一数据。在当今竞争激烈的商业环境中，这种方法对于确保公司的整体盈利能力甚至是对公司的生死存亡都至关重要。这一方法也同样适用于你的公司和业务。如果能停止供应一种亏损的产品，就可能会扭转低迷的业绩甚至能够扭转公司的生死，进而带来利润的飞速增长。

因此，你要分析自己的产品结构。除了计算“商品成本”之外，还必须包括将产品交付给消费者的过程中所产生的所有费用，包括研发、宣传、销售和营销相关的成本、安装、客户服务、产品服务、退货、日常管理成本的应摊份额等。再次重申，一定要将自己的时间成本计算其中，即根据你在产品开发、设计、创造或制造、销售和服务上所投入的时间来计算时薪。

许多个人和企业把所有产品的开支成本计算在一起，然后估算每种产品的具体开支。但你需要准确地计算每种产品的成本，这样你便可以将每种产品的净利润精确到几块钱之内。

完成成本核算分析后，只需从价格中减去开发、销售和交付每种产品的实际成本，即可计算出每种产品的实际盈利能力。也就知道了哪些产品的回报最高、哪些产品的回报最低，以及这些产品是否真的会带来亏损。

市场的盈利能力

如果你同时将产品销往多个市场，二八定律也同样适用。将产品销往某些市场的确会比销往其他市场能获得更高的利润。

例如，如果将产品销往国外市场，可能会承担更高的广告和营销成本。相反，生产成本可能会显著降低。如果将产品出口到国外，可能还需要缴纳进口税或关税。

有时，在全新的市场中进行销售所需要承担的意外成本可能导致企业面临盈利和财务危机的两大极端。位于美国的一家家用电子产品独立分销商决定进入加拿大市场，他吃惊地发现，如果要将产品销往魁北克省，他必须重新设计产品的包装，包装上的文字需同时使用法语和英语两种语言。考虑到加拿大市场的规模以及令人却步的额外成本，该公司决定放弃对加拿大的投资计划。由此可见，提前做好功课是值得的。

你可以通过思考以下问题进行市场分析：

将产品销往某些市场是否比销往其他市场能获得更高的利润？

将产品销往某些市场是否需要付出更高的广告和宣传成本才能达到销售目标？

产品的退货政策是否需要调整？

售后服务的成本是多少？

如果将产品销往本地以外的市场，是否会产生额外的运输成本、关税或其他额外费用？

行动

了解了如何从以上几个方面进行盈利能力的分析，现在是时候做出决策并采取行动了。

你将如何对待那些没有恪尽职守的员工？可以为他们设定必须达到的基准，并提供必要的培训和支持帮助他们完成目标。如果他们依然未能完成任务，便可将其解聘。

避免与利润率较低的客户合作，认真考虑取消与利润垫底的 10% 的客户合作，把投入在他们身上的资源用于吸引创造更高利润的客户。

仔细分析赔钱的和利润较低的产品。立刻寻找使之盈利或提高利润的方法。是否可以涨价？能否降低成本？能否通过改变产品的种类来吸引更多买家，借此将成本分摊到更多的产品上？最常见的一个错误就是，对某种产品过于执着。即便是最畅销的产品，如果其产生的利润无法提高到可接受的利润水平，也要将这一产品淘汰。

尽管很多公司会专注于分析和测评其产品的盈利能力，但很少会对不同的市场进行分析。你千万不要落入这个陷阱。如果将产品销往某个市场或子市场无法获得可接受的利润水平，请探索如何提高产品在该市场中的盈利能力。能涨价吗？能否把运费转嫁给买家？有没有办法降低投入在落后市场中的成本？如果你不能提高产品在某一市场的盈利能力进而达到你的利润目标，一定要放弃该市场。

如果你想通过提高销售业绩来壮大企业的发展，请记住一点，衡量任何企业成功与否的关键是利润。养成定期检查员工、客户、销售、营销计划、产品和市场的盈利能力的习惯。无论是其中的哪个方面无法达到你的标准，不要浪费时间，立即摆脱他们。这一原则将使你的公司成为所在领域中最成功的公司之一。

实践练习

1. 确定你的最赚钱和最不赚钱的任务和活动。
2. 确定你的最赚钱和最不赚钱的员工。
3. 确定你的最赚钱和最不赚钱的客户。
4. 确定你的最赚钱和最不赚钱的营销计划。
5. 确定你的最赚钱和最不赚钱的产品或服务。
6. 确定你的最赚钱和最不赚钱的市场。
7. 根据本章所述，你打算立即采取哪些行动?

绝不屈服，绝不屈服，绝不，绝不，绝不，绝不，无论事务巨细都绝不屈服，除非你坚信屈服是光荣的明智之举。

——丘吉尔